图说天下 研学中国

CHONGQING

研学

重庆

甘肃少年儿童出版社
· 兰州 ·

U0634761

图书在版编目（CIP）数据

研学重庆 /《图说天下》编委会编著 . -- 兰州：
甘肃少年儿童出版社, 2025. -- ISBN 978-7-5422-7705
-3

Ⅰ . K927.19-49

中国国家版本馆 CIP 数据核字第 2025HN1986 号

研学重庆
YANXUE CHONGQING

《图说天下》编委会 编著

选题策划：日知图书

责任编辑：马亚兰

项目统筹：杨静

文图统筹：白海波

文稿撰写：木梓

封面设计：罗雷

美术统筹：张大伟

图片来源：视觉中国 站酷海洛 汇图网

出版发行：甘肃少年儿童出版社

（兰州市读者大道 568 号）

印　　刷：天津市光明印务有限公司

开　　本：787 毫米 ×1092 毫米 1/16

印　　张：6

字　　数：120 千

版　　次：2025 年 6 月第 1 版

印　　次：2025 年 6 月第 1 次印刷

印　　数：1 ～ 20 000 册

书　　号：ISBN 978-7-5422-7705-3

定　　价：50.00 元

前言
FOREWORD

在浩瀚的历史长河中，中华民族犹如一艘乘风破浪的巨轮，承载着千年的文明与智慧，一直踏浪前行。在这片广袤无垠的土地上，山川壮丽，江河奔腾，大地辽阔，文化多元，每一座城市、每一个村落都蕴藏着无尽的传奇。

我们特为青少年朋友们编纂此套"研学中国"书系，正是因为看到新时代少年在讲述中国故事、传承中国文化上的巨大能量，他们正是"少年强则国强"的最佳践行者。中国的"研学"思想历史悠久，看大禹治水过程中的实地探索、孔子的周游列国等，无不是在游历中获得智慧。本套书以城为舟，以智慧为帆，旨在引领读者游遍山河、广学知识，在"边游边学"中砥砺向前。

重庆坐落在长江与嘉陵江的臂弯里，如一枚镶嵌在中国西南版图上的璀璨明珠。这里既是青藏高原与长江中下游平原的过渡带，又是巴蜀文化与荆楚文明的交汇点。从古至今，这座山水交织的立体城池，始终以独特的地理禀赋书写着"扼守西南，襟带江河"的传奇，而你即将踏上的，正是一场解码山河密码的时空穿越之旅。

重庆是一座古老与现代交织的城市。在这里，历史与未来从未分开。千年古镇的砖瓦上闪烁着现代咖啡馆的灯光，悬崖边的吊脚楼旁飞驰着穿山隧道的地铁，而码头号子的回声仍藏在朝天门江水的涟漪中。重庆像一本立体的书，每一页都藏着惊喜：你可能会在街角遇见一座刻满唐宋诗篇的石碑，也可能在山城的夜色中突然读懂课本里"巴山夜雨涨秋池"的诗情。

我们希望这本书成为你探索世界的"望远镜"与"显微镜"，透过它，你将发现重庆的山水不仅是风景，更是解答地理奥秘的密码：三峡的险峻如何塑造了古代航运的传奇？地下溶洞里为何藏着地球亿万年的日记？那些盘旋在山间的公路和桥梁，又诉说着怎样的人类与自然博弈的智慧？当你用手触摸大足石刻斑驳的岩壁，或许会突然明白"石窟艺术丰碑"的重量；当你站在钓鱼城的古城墙边，呼啸的山风会带着南宋军民浴血抗蒙的鼓角声，让你感知历史不再是冰冷的时间轴。

这座城市最动人的课堂藏在街巷深处。非遗传承人手中的彩扎龙灯正摇头摆尾；荣昌折扇上的工笔花鸟渐次绽放；川江号子的传人一声长啸，刹那间江面仿佛重现千帆竞发的盛景。这些技艺不是博物馆展柜中的标本，而是依然跳动在这片土地上的文化脉搏。当你亲手尝试制作折扇、塑型陶器时，指尖的触感会告诉你：文明的传承，从来不只是记忆的重复，更是创造力的新生。

愿你在磁器口的青石板路上邂逅一首唐诗，在武隆的天坑地缝里听见地球的心跳，在火锅蒸腾的热气中尝到生活的百味……山城的雾正在升起，江轮的汽笛已经鸣响，你的探索，正要开始。

以少年之志，研学中国！穿越千年的历史长河，深潜广袤的地理版图，共赴一场壮丽的中国研学之旅。

目录

CONTENTS

我的重庆 (CHONGQING) 研学之旅

出发之前，让我们先以思维导图形式进行一下研学的准备工作吧。

* 你印象中的重庆是什么样子的？用至少五个关键词概括一下。

天气：

衣物：

其他随身物品：

想一想，重庆在哪里？

地点
01

02
重庆印象

出行前查询当地天气情况，准备随身装备。

03
信息及装备

04
研学期待

研学准备

重庆是一座立体魔幻超级大都市，中国"桥都"。它历史悠久，文化灿烂，既有红岩精神的传承，也充满了浓浓的"江湖"味道，是研学的必选地之一。

◆ 重庆最值得期待的景点

◆ 品尝重庆美食

◆ 了解重庆独特的习俗和文化

◆ 完成自己制订的研学目标

整理和重庆有关的古诗词和文章

记录研学途中的两三趣事

和同伴分享你的研学见闻

把研学时拍的照片洗出来，做一本自己的研学手账

研学归来后，写一篇研学心得，谈谈这次研学的收获

07

……

其他

完成挑战

06

☐ 坐一次重庆的"穿墙"轻轨

☐ 学唱一首川江号子

☐ 寻找博物馆里的镇馆之宝

☐ 探访独具重庆特色的吊脚楼

☐ 游览三峡，感受长江的秀美风光

☐ 和小伙伴们一起做个龙头彩扎

你还想完成什么挑战，来补充吧！

研学目标

规划自己的研学路线

05

邂逅重庆
初步了解重庆的地理位置、地形地貌、气候等

史海寻踪
追寻重庆的历史，重拾重庆的旧日记忆

湖光山色
游览重庆的奇山秀水，听当地人讲讲山水背后的故事

遇见非遗
了解重庆的非遗传承，体验各种非遗技艺

课本内外
跟着课本中的文字，探访那山、那水、那城

博物古今
参观重庆的博物馆，透过文物，看见重庆的"真实"模样

地理位置：
中国西南部，长江上游，四川盆地东南部

气候：
亚热带湿润季风气候，日照少，雨雾多，降水丰沛，年平均降水量超过 1000 毫米

区划：
全市辖 26 个区、8 个县、4 个自治县

面积：
8.24 万平方千米

人口：
常住人口 3191.43 万（2023 年末）

重庆是中国西南地区唯一的直辖市。

重庆，古称渝州，是中国的超级大都市。

长江自西向东穿城而过，在重庆流程达 **665** 千米。

百万三峡移民工程，是重庆人民的功勋章。

半座重庆城，一部川渝史。

重庆历史悠久，早在 200 多万年前，重庆就有古老的直立人种"巫山猿人"繁衍生息。约 2 万年前，旧石器时代晚期，远古先民在重庆的铜梁缔造了古朴灿烂的"铜梁文化"。

重庆的建城史已经超过了 3000 年，商周时代，巴人以重庆为首府建立了属于自己的古国——巴国。

历经 400 多年风雨的石宝寨，四面环水，是世界上独具魅力的"江中盆景"。

川江号子曾经是重庆船工们的专属交响乐。

长江三峡是重庆的山水地标。

重庆是西南地区底蕴最深厚的古城之一，作为巴渝文化的发祥地，历史悠久，文化厚重。

重庆是典型的"天无三日晴，地无三尺平"。

重庆雨多雾多，是中国日照时间最少的城市之一。

第一印象·遇见重庆

巴曼子以忠义著称，
为后人留下"刎首留城"的千古传奇。

重庆最高处海拔 **2796.8** 米，
最低处海拔 **73.1** 米。

重庆四面环山，市内约 75%
的地方是山地，是名副其实
的"山城"。

重庆有大大小小的桥梁 10000 多座，
有中国"桥都"之称。

李白、杜甫、苏轼、陆游等
很多名人都在重庆游历过。

作为西南地区的黄金水岸，重
要的交通枢纽，重庆自 1890 年
开埠以来，就是长江水运的重
要节点，孕育出了丰富多彩的
码头文化和江河文明。

千里江陵一日还。
朝辞白帝彩云间，
——李白

便下襄阳向洛阳。
即从巴峡穿巫峡，
——杜甫

铜梁龙舞被誉为"中华第一龙"。

截至 2024 年，重庆共有 **141** 座博物馆，
涵盖历史、民俗、自然、革命、水文等多种类型。

丰都鬼城的鬼城瓢画号称
"中国民间艺术一绝"。

大足石刻
是世界八大石窟之一，
是人类石窟艺术史上的最后一座丰碑和
巅峰之作，是重庆的世界文化遗产。

白鹤梁水下博物馆
是世界第一古代水文站。

歌乐山下的白公馆、渣滓洞
闻名中外。

重庆人民大礼堂是重庆的文化符
号之一，造型独特，酷似天坛。

红岩精神永垂不朽。

重庆菜在川菜中独树一帜，麻辣鲜嫩，好吃又够劲儿。重庆小面、毛肚
火锅、来凤鱼、鸡豆花、歌乐山辣子鸡、磁器口毛血旺等都是重庆美食江湖
中的"大腕儿"。

09
10

重庆自然博物馆
01
02

重庆大学创办于 1929 年，建设愿景是"完备弘深之大学"，1960 年被确定为全国重点大学，现在是"211 工程""985 工程""双一流"重点建设高校。学校学科门类齐全，到目前为止，涵盖理、工、经、管、法等 12 个学科门类，设 7 个学部 35 个学院，以及 8 所附属医院。

03 **重庆大学**

04

05 **大足石刻**

大足石刻是中国唐宋时期的石窟和摩崖造像，现存造像 5 万余躯，分布于 40 多处，总称大足石刻。规模宏伟，艺术精湛的北山、宝顶山的造像是大足石刻的代表。

11

12

13

李子坝穿楼轻轨

重庆西站

08

07

06

重庆动物园

走遍重庆

石宝寨

江北国际
机场

重庆
北站

解放碑是一座纪念抗日战争胜利的纪念碑，也是重庆的地标性建筑。碑为石铸，通体乳白，呈八角柱形，顶端有钟数座。整点时，群钟齐鸣，声传十里，颇为壮观。

解放碑

长江索道

重庆长江大桥

重庆长江大桥横跨长江，是长江中游第一座特大型城市公路桥，也是中华人民共和国成立后早期建设的重大跨江工程之一，与武汉、南京长江大桥共同构成我国长江桥梁建设的重要里程碑。

天生三桥

重庆
魔幻立体的山城

叠红映翠微，夜雨巴山梦。在中国西南部、四川盆地东南部、长江和嘉陵江襟带而过的地方，有一座繁华、魔幻，以火辣和热情著称的城市。

有人叫它"雾都"，有人唤它"江城"，有人称它"山城"，还有人一脸追忆地念叨着它过去的名字"渝州"，它就是重庆！

> 重庆是一座山城，山即城，城即山，山与城水乳交融，不分彼此。

重庆明月山云雾

山峦在云雾间半遮半掩，丝丝缕缕的云雾轻柔飘动，如梦如幻，给青山增添了几分神秘。

大巴山秋色

山城往事
山即城，城即山

浩浩中华，960 万平方千米的土地上，大概没有哪个城市比重庆更受山的钟爱。

东北部的大巴山，巍峨高耸，仿佛摩天的巨人；东部的巫山，一山插云，千年来一直俯瞰着澎湃的长江。被大巴山和巫山相拥在中间的阴条岭，海拔 2796.8 米，是重庆的最高峰。同处东南的武陵山脉，群山逶迤，峰峦错落，大大小小的山数不胜数……

这些山岭就像多弦琴的琴弦，以竖向平行的方式矗立着，把整个重庆分割成了一个又一个狭长又破碎的区域，构成了地质史上十分罕见的山地奇观——平行岭谷。

研学地点
阴条岭、长江索道、李子坝轻轨

研学关键词
重庆、山城、魔幻、建筑

研学目标
了解重庆的地理位置、历史人文、建筑特色和魔幻交通

研学拓展
重庆的古称、重庆的特色农作物

课堂链接
语文教材五年级下册：《军神》

教材节选
重庆临江门外，一个德国人开设的诊所里，医生沃克端坐在桌后。他头也不抬，冷冷地问："你叫什么名字？""刘大川。"
——《军神》

重庆是中国四大直辖市之一
西南地区的超大城市

面积
8.24万
平方千米

下辖
26个区

8个县

4个
自治县

探秘岭谷
镶嵌在大地上的琴弦

如果把整个重庆看成一个巨大的沙盘，那么川东平行岭谷大概就是上天用手指划出的一道又一道的竖痕。尽管痕迹不那么平滑，有些歪歪扭扭，却显得格外真实与自然。

明月山、铜锣山、方斗山等重庆人耳熟能详的山峰，都是川东平行岭谷大家族中的一员。这些山，有的秀美，有的奇险，有的隽丽，有的巍峨，随便挑出一座，都能成为重庆山岭圈的颜值担当，为重庆增色不少。

巴渝星火
岁月如歌歌重庆

重庆是座历史古城，早在3000多年前的商周时代，就有先人在此生息繁衍，建立了巴国。那时巍峨耸峙、有野生动物出没的重重高山，就像是一个巨大的樊笼把巴人困锁其中。**唐代大诗人李白"蜀道难，难于上青天"**的咏叹并不夸张。一座座山就像一个个屏障把巴渝圈禁，外面的人进不来，里面的人也出不去。

当地人利用独特的山地环境发展出了璀璨的巴渝文明。战国之前，重庆被称为"巴国"。战国末期，秦人入蜀后，去国设郡，建立了巴郡。隋朝时，改称"渝州"。南宋淳熙年间，升格为"重庆府"。从此，重庆这个名字就如烁烁明星般闪耀于华夏史册。

重庆金刀峡陡峭崖壁上的小路

奇迹征服
一方水土一方人

　　冉冉岁月，千年如梭，不一样的水土孕育着不同的璀璨文化。

　　被群山环围的重庆，耕地少。古代巴人遇山开山、遇水迎水，发展出了属于自己的特色农业。

　　重庆山多，水也多，降水尤其丰沛。在平坦些的土地和山势较低的梯田上最适合种的就是水稻。地势高一些的地方，土壤条件不太好，巴人就种油菜、甘蔗、花生等。山林中能养一些家禽。临河临湖的地方巴人就养鱼、养虾。就这样，巴人靠着自己的智慧，奇迹般地与自然和谐共生。

重庆梯田浓浓的秋意

夜幕笼罩，吊脚楼灯影摇曳，如梦幻奇境。

洪崖洞景区吊脚楼

建筑荣光 用独特的身姿诉说着过往的故事。
古韵十足的吊脚楼

　　干栏式吊脚楼是重庆经典的民居建筑。楼高数层，多用木头、竹子搭建，一层悬空，放些杂物，或者养些家禽家畜，二楼以上才住人。

　　吊脚楼的面积都不大，非常狭窄，布局简单，少有复杂华丽的装饰。

　　山城，顾名思义其四处皆山。这里地形复杂，人们建楼建房都是依山就势，因地而建，看似凌乱，但凌乱错落中却别有几分美感。

　　除了传统的干栏式建筑，重庆当然也少不了市集和城镇。古时候，人们平山伐木，在山上建起了白帝城、钓鱼城和一个又一个独具特色的城镇。

"魔幻赛博朋克"既视感

重庆上上下下、里里外外，到处都是"梯坎儿"，爬梯上坎儿是人们的出行常态。在重庆，小巧轻便的自行车要比汽车更受欢迎。

住在这里的人对爬山过坡总是别有心得。地上建不了轻轨就建在空中。重庆的穿楼轻轨、云上步道令人惊叹不已。爬坡功能强大的跨座式单轨、奇特的跨江索道、立式盘旋四五层的立交桥，更是令人拍案称奇。

作为西南地区唯一的直辖市，重庆的繁华、古朴、魔幻都不可复刻。

在重庆，因为地势不同，楼与楼之间的高差往往非常大。从11楼出来却是地面停车场，出了A楼的"1"层，直接来到B楼的"21"层的魔幻奇迹，在这里司空见惯。

重庆黄桷湾立交桥

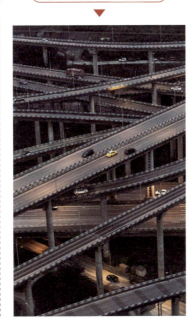

重庆是个充满魔幻色彩的大都市，不仅居住魔幻，日常出行也相当魔幻。

长江索道： 两条长长的铁索横跨长江两岸，让天堑变通途。索道上来回往返的轿厢像个漂亮的空中小房子。

李子坝轻轨： 重庆的李子坝轻轨是典型的"穿楼"轻轨，速度非常快。轻轨在高低错落的摩天楼宇中穿行，超级魔幻。

皇冠大扶梯： 重庆的皇冠大扶梯，全长112米，提升高度52.7米，既高且陡，乘坐扶梯一路向上时偶尔向下俯瞰，景色特别壮观。

巫山十二峰
神女云边望彩霞

巫山位于重庆市东部，与湖北省交界之处。巫山有十二峰，峰峦竞秀，峥嵘有趣。山势巍峨，滔滔长江水穿山而过，不仅形成了享誉世界的巫峡，同时也将巫山群峰逶迤分隔，形成了一派山中水、水外山的盛景。

长江畔的诗意脊梁

巫山风光如画，代表性的巫山十二峰宛若天然翠屏般错列在长江两岸。

◎ 南六峰

长江南岸有六峰：翠屏峰、净坛峰、聚鹤峰、飞凤峰、起云峰、上升峰。

翠屏峰植被丰茂，翠色氤氲，盎然有生趣；净坛峰秀雅绮丽，在橙红色的夕阳映照下，就像一位吟诗的仙人；聚鹤峰上怪石嶙峋，松柏常青；飞凤峰，峰如其名，它宛如一只凌空翔舞的凤凰；起云峰是巫山的"云雾收藏家"，云起云落，变幻无穷；上升峰巍峨峭拔，形若升腾的鹏鸟乘风而起，气势最凌厉。

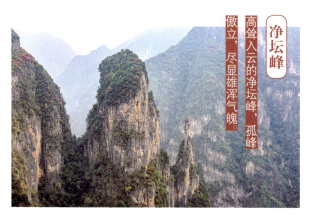

净坛峰

高耸入云的净坛峰，孤峰傲立，尽显雄浑气魄

巫山神女峰

离思五首（其四）
〔唐〕元稹
曾经沧海难为水，
除却巫山不是云。
取次花丛懒回顾，
半缘修道半缘君。

研学地点

巫山

研学关键词

巫山、十二峰、神女传说、金盔银甲峡

研学目标

游览巫山十二峰，了解与巫山相关的神话传说、历史故事、诗词名篇

研学思考

无数文人墨客为巫山留下诗篇，诗中描写的景色和实景有哪些异同？

◎ 北六峰

长江北岸也有六峰：朝云峰、圣泉峰、登龙峰、集仙峰、松峦峰、神女峰。

朝云峰是十二峰中的"颜值担当"，晴日清晨，日出的时候，朝云峰上会有彩云环绕，仿若云海光河，瑰丽绚烂；圣泉峰下有一泓清泉，清冽甘甜、长流不衰；登龙峰层叠而起，气势雄伟，远看如一条长龙欲飞九天；集仙峰，峰如其名，石林峥嵘，如群仙欢聚；松峦峰上松涛阵阵，古老蓊郁的松树仿佛一顶古老的礼帽盖住了圆圆的山顶，形成了"松盖峦"的奇观；神女峰是巫山十二峰中最具传奇色彩的山峰，仙姿绰约、风华秀逸，数千年来一直备受文人墨客的青睐。

神女降凡尘，云中望彩霞

伫立江边，遥遥北望，挺秀于群峰之间的神女峰仿佛一个姿容婉丽、亭亭玉立的女子，衣袂飘荡、神采飞扬。

相传上古时期，主宰天阙的天帝有个女儿名叫瑶姬。瑶姬生性善良。一日，瑶姬和姐妹们一起到凡间游玩，恰好遇到十二条恶龙正在围困大禹，阻碍大禹治水。瑶姬不忍心看着洪水冲毁百姓的家园，造成灾难，就帮助大禹斩杀了兴风作浪、为祸人间的恶龙，还赠给大禹一本治水的天书。大禹按照天书上的方法成功治理了水患。瑶姬也因为眷恋

大禹治水

人间的美好，留在了人间，最后化作了神女峰。神女峰在巫山十二峰中最引人入胜，晨起能见到灿烂的朝霞，所以也叫"望霞峰"。

研学新知

巫山名字的由来

相传，在原始部落时期，巴国有位名叫巫咸的巫师，他上通天文，下知地理，为人们做过许多贡献，君王就把原本无名的巫山赐给他做封地，从此这座无名的山就因巫咸而被冠以"巫山"之名。

金盔与银甲，最解峡中味

金盔银甲峡，位于巫山下游横石溪一带。峡谷两侧山崖峭立。临近江水的崖壁，层多且薄，褶皱弯曲，状似鳞片，颜色呈灰白色，仿佛古代将士所穿的银甲。高处的石灰岩盔形山顶，呈黄褐色，仿佛古代将士所戴的金盔。远远望去，金盔银甲峡威武雄壮，别有几分韵味。

"喀斯特王国"
流水缔奇迹

重庆缘山而建，依水而生，山水相依。潺潺碧水数千年如一日，在崇山峻岭间无声地演绎着自己的悲欢故事。不知不觉间，山就在水的冲刷、捶打下，被塑造成奇特的地貌——喀斯特地貌。这里有天坑、溶洞、地缝等多种喀斯特地貌。

万盛国家地质公园石扇

研学地点	研学目标
万盛石林、丰都雪玉洞	认识各种喀斯特地貌：地缝、天坑、溶洞、峰林等。初步了解石柱、石笋等溶洞景观
研学关键词	**课堂链接**
喀斯特、溶洞、石林、峡谷	人教版高中地理教材必修第一册：常见地貌类型 喀斯特地貌

教材节选

组成地壳的岩石有一部分是可溶性岩石，如石灰岩等。在适当条件下，这类岩石的物质溶于水并被带走，或重新沉淀，从而在地表和地下形成形态各异的地貌，统称为喀斯特地貌。

遇见武陵山大裂谷

峡谷是喀斯特地貌的典型代表，其险峻幽深的特质吸引着无数游人。

武陵山大裂谷是巴渝大地上比较典型的喀斯特峡谷之一。它位于重庆市涪陵区武陵乡，衔武陵山余脉，蜿蜒狭长。裂谷两侧壁立千仞，有高达300余米的悬崖峭壁，从峡谷中抬头仅见一线天光；有剧烈的地壳运动形成的青天峡地缝；还有各种飞瀑、流泉、溶洞，山光奇秀，美不胜收。

武陵山大裂谷

深壑纵横，崖壁千丈，景致雄浑，尽显自然伟力。

万盛石林

"石林之祖"——万盛石林

万盛石林是重庆的喀斯特地标之一，也是中国最古老的石林，素有"石林之祖"之称。

在别处难得一见的寒武纪角石，在这里随处可见。黄褐色的古老岩石凹凸成了各种独特的形状，有的像巨大的扇子、有的像劈山断岳的宝剑、有的像错落有致的小塔……千姿百态，蔚然成趣。

历经岁月雕琢的万盛石林，石峰剑指苍穹，尽显大自然的鬼斧神工。

张关水溶洞

张关水溶洞位于明月山中段，以水为魂，奇险幽秀。洞中不仅有终年不绝的长约 7500 米的亚洲最长地下暗河，还错落分布着千姿百态的石钟乳、石笋、石幔。更神奇的是，水溶洞是"夹心"的，层层叠叠，一共有四层，非常壮观。

丰都雪玉洞

张关水溶洞

冰肌雪骨：丰都雪玉洞

丰都雪玉洞，洞如其名，是一片唯美的地下"冰雪世界"。漫步洞中，满眼都是如玉般的纯白。无论是激流飞湍的石瀑布、小巧玲珑的石笋、灿若星海的流石坝，还是奇特玄妙的石旗、石花，都粉白无暇、纤尘不染，看上去格外净雅。

喀斯特 地貌

喀斯特地貌是一种比较常见的地貌。喀斯特，是德语 karst 的音译，意思为"岩石裸露的地方"，原本是地名，后来被用来形容由水对可溶性岩石长期溶蚀形成的地貌。

中国对喀斯特地貌的研究已久，早在先秦时期，奇书《山海经》中就有关于喀斯特地貌的记载。南宋之后，尤其是明朝时，人们对喀斯特地貌的探索愈发深入，仅"千古奇人"徐霞客一人仅在广西、贵州、云南三省探索和记录的喀斯特溶洞就有 270 多个。

喀斯特地貌的成因

喀斯特地貌，又称岩溶地貌，主要是由于可溶性岩石（如石灰岩、白云岩等）在地表水和地下水的溶蚀、侵蚀作用下发生溶解、崩塌或迁移，并伴随沉积作用，经过长期演化而形成的地貌形态。

常见的喀斯特地貌形态

喀斯特地貌一般可以分为两大类：**地表**和**地下。**地表常见的喀斯特地貌形态有：溶沟、洼地、峰林、峰丛、地缝、天坑。

溶沟

溶沟是溪水、河水、江水等地表水在岩石表面长时间不断地流动侵蚀形成的凹槽，大多呈长条形或者网格形。溶沟有深有浅、有宽有窄，杂乱无序。有溶沟存在的地方，地形大多高低不平、特别崎岖。

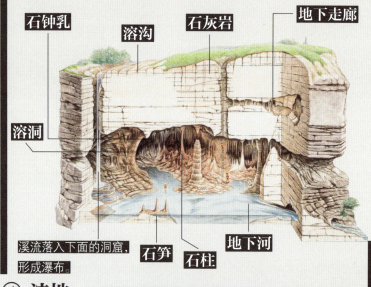

石钟乳　溶沟　石灰岩　地下走廊
溶洞
溪流落入下面的洞窟，形成瀑布。　石笋　石柱　地下河

洼地

岩溶洼地是由溶蚀作用形成的。较大的洼地有些类似于盆地，侧面高，底部平坦宽阔；较小的洼地底部平地很小。

昆明石林

泰国安达曼海域喀斯特岩石

喀斯特地貌的分布

喀斯特地貌在全球分布极广。澳大利亚南部、法国中央高原、美国印第安纳州，以及泰国、菲律宾等国家都有喀斯特地貌。

在我国，喀斯特地貌区则主要集中在南方，尤其是西南部的重庆、贵州、云南、广西。桂林阳朔的峰丛、云南昆明的石林、重庆武隆的天坑地缝都非常有名。

峰林、峰丛

洼地边缘残留下来的、相对比较破碎的岩石会形成峰林和峰丛。

峰林就像石头雕琢的森林，"林"中矗立的尖锥状的岩石，远看就像高耸的山峰。峰丛和峰林有什么区别呢？几座相连的峰林被称为峰丛，峰与峰之间形成"U"字形垭口。

地缝、天坑

地缝和天坑都是在流水常年垂直侵蚀下形成的。地缝是一条狭长幽深的缝隙，一般都很窄，内部别有洞天。天坑除了受流水冲刷、侵蚀影响，还会受岩体坍塌、地质构造变动等因素的影响。天坑有宽有窄，有的单个存在，有的成群出现，非常神奇。

兴义万峰林

桂林峰丛

恩施大峡谷云龙地缝

百色大石围天坑

溶洞

地下最典型的喀斯特地貌形态——溶洞。

溶洞主要是在地下水的冲刷溶蚀下形成的，大小不一，形态各异。溶洞大多都是层叠发育，有单层的，有双层的，也有多层的。溶洞里有许多奇特的地质景观，如石钟乳、石笋、石幔、石花、石柱等。

贵州省黔南州独山县天洞

钓鱼城
历史烽烟中的古战场

三江咆哮绕峥嵘，袅袅烽烟歌锦绣。在重庆市合川区，嘉陵江、涪江、渠江三江汇流的东城半岛钓鱼山上，七八百年前就有一座古城巍然屹立。它俯瞰着悠悠岁月，见证了历史变迁，即便栉风沐雨数百年，依旧风姿绰约，荣光不减。

这座城，就是钓鱼城。

钓鱼城护国门

钓鱼城护国门建于险绝之处，门前便是悬崖峭壁，守卫着固若金汤的钓鱼城。

钓鱼城石壁上遗留的浮雕碑刻是历史的见证，向人们诉说着钓鱼城的过往。

孤城锁钥

钓鱼城的面积不大，只有约 2.5 平方千米，与其说是一座城，倒不如说是一个小镇。

南宋淳祐三年
（1243）

为了抵御汹汹来犯的蒙古铁骑，时任四川制置使余玠命人在钓鱼山上修建了钓鱼城。

南宋开庆元年
（1259）

蒙古大汗蒙哥亲率铁骑兵临钓鱼城下，蒙哥本以为胜券在握，却久攻不下，蒙哥亲自督战时被宋军炮石击中，命殒钓鱼城。蒙古铁骑军团被迫撤退。

南宋祥兴二年
（1279）

南宋守将王立带领钓鱼城军民开城受降，坚守36年的钓鱼城终于失陷。钓鱼城创造了冷兵器时代以弱胜强的奇迹，展现了南宋军民"忠烈千秋"的抗争精神。

探问历史
钓鱼城为什么固若金汤?

从1243年到1279年，蒙古铁骑多次南下攻打钓鱼城。宋蒙双方鏖战不断，大大小小的战役打了两百多场，钓鱼城却始终固若金汤。这是为什么呢?

（1）凭依天险。

钓鱼城建在钓鱼山上，钓鱼山是典型的桌状山，悬崖兀立，异常陡峭，只有一条狭窄的山路与外相连，是真正的"一夫当关，万夫莫开"，因此钓鱼城易守难攻。

（2）资源充足。

钓鱼城虽然不大，但麻雀虽小，五脏俱全，内部设施非常完备。它不仅储存了大量的军事物资和生活物资，还有良田沃土可以持续耕种，城内可以自给自足，不怕围困。

（3）人心齐。

渝人自古烈性刚强，不畏强权，不畏困境，守城之心非常坚决，万众齐心，无往不利。

重履故地
邂逅旧日烽火峥嵘

> 烽火已矣，
> 荣光不息。

漫步钓鱼城中，透过那一处处斑驳的遗址、遗迹，似乎仍能窥见旧日的烽火峥嵘。

青瓦石墙的古军营沧桑中氤氲着铁血，营前的跑马道一如往昔笔直平阔；护国门背靠绝壁、面临深渊，是名副其实的天险门户；护国寺是川渝之地闻名遐迩的"石佛道场"；寺西南"一卧千古"的悬空卧佛堪称国内一绝，历经无数次硝烟战火，至今仍保存完好。

什么是桌山?

桌山，又叫方山，是在流水的侵蚀和切割作用下形成的一种形状像桌子的独特山体。这种山，顶部平坦宽阔，像桌面；四面悬崖，陡峭异常，难以攀登，像桌腿。南京的方山、重庆的钓鱼山都是典型的桌山。

钓鱼城悬空卧佛造像

史韵留香
巴渝历史巴渝魂

一座城，一段史，斑斓万千。

作为我国四大中央直辖市之一，重庆是名副其实的历史名城。凭着深厚的底蕴、璀璨的文化、悠久的历史，一次又一次惊艳世人。

研学地点

重庆中国三峡博物馆等

研学关键词

重庆、巴国、巴蔓子、巴渝文化

研学目标

了解重庆的历史，了解巴渝文化的源流、特色，以及巴渝的历史名人

研学思考

你知道重庆历史上还有哪些名人吗？

岁月荏苒，曾经的巴国、巴人都已湮没在重庆灼灼的盛荣里，巴渝文化却闪耀千年，始终璀璨不熄。

漫溯时光，重庆成长日记

早在200多万年前，重庆就出现了"巫山猿人"。

约2万年前，远古先民在重庆的铜梁缔造了古朴灿烂的"铜梁文化"。

南宋淳熙十六年（1189），宋光宗将恭州升为重庆府。重庆之名，第一次见于史册。

北宋崇宁元年（1102），改渝州为恭州。

宋之后，重庆几经浮沉，风华不减。清光绪十六年（1890）开埠通商，成为中国最早对外开埠的口岸之一。

1937年，抗日战争全面爆发，南京国民政府西迁，重庆成为临时"陪都"。

巴国往事，巴渝文化发祥地

巴渝文化，起源于巴文化，是巴人在巴渝大地上创造与衍生出的丰富多彩的地域文化。

作为巴渝文化的发祥地，重庆早就被以顽强、热烈、多元、个性鲜明著称的巴渝文化浸润：热热闹闹的龙门阵、嘹亮热烈的川江号子、多姿多彩的石刻艺术、影响了一代人的袍哥文化、神秘莫测的丰都鬼文化、清雅的巴渝竹枝词、以酷似船只的棺材装殓下葬的独特"船棺葬"习俗……

黑白木刻《茶馆龙门阵史话》

巴人巴魂，巴蔓子以头留城

巴渝文化，包罗万象，兼收并蓄，但核心始终在人。

巴人的勇猛善战，巴人的热情善良，巴人的坚忍顽强，巴人的重义轻利……岁岁年年，巴人的优秀品质不知感染和影响了多少人。

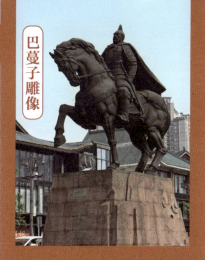

巴蔓子雕像

- 3000 多年前的商周时期，巴人建立了以部落联盟为基础的奴隶制国家。

- 2000 多年前的春秋战国时期，巴国战乱频繁，烽烟连绵。公元前316年，秦国灭巴国，设巴郡。后张仪屯兵江州，筑"江州城"（今渝中区），开启了重庆建城之始。

- 隋文帝开皇三年（583），改设渝州。这便是重庆简称"渝"的由来。

- 1949 年，中华人民共和国成立后，重庆解放，成为中央直辖市。

- 1997 年，重庆成为中央直辖市。

战国时期，巴国发生内乱，将军巴蔓子以三座城池为代价向楚国借兵平乱。内乱平息后，楚国派使者前来索要城池，巴蔓子不愿分裂国土，自刎谢罪，以头留城，既全了诺言，也守了忠义。后人对他敬佩不已，现在，为方便市民祭祀和缅怀，重庆还修建了巴蔓子将军墓。

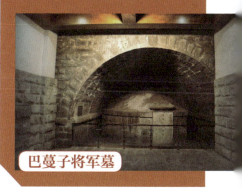

巴蔓子将军墓

封侯女将军——秦良玉

中国古代唯一一位凭着战功封侯的女将军是秦良玉。

◀◀ 重庆中国三峡博物馆展出的秦良玉战袍

秦良玉，字贞素，明万历初年出生于四川忠州（今重庆忠县），少年勤学，文武双全，精通兵事，曾率领麾下"白杆兵"抗击后金军、镇守山海关、讨伐叛逆张献忠。她戎马倥偬数十年，战功赫赫，历任四川招讨使、镇东将军等职，后被南明朝廷加封为"忠贞侯"。

25

重庆大人物
川渝代有才人出

回眸千年，古渝多名流

回眸千年，在重庆波澜壮阔的历史里从不乏浓墨重彩的人物。

刎颈守城、义可断头的巴蔓子将军英魂不泯；"蜀锦征袍自翦成，桃花马上请长缨"的秦良玉忠贞刚毅；勇悍的甘宁、耿直的董允、执着的赵智凤同样让人赞叹不已。

研学地点	**研学拓展**
白公馆、重庆中国三峡博物馆	了解重庆名人的生平事迹
研学关键词	**研学思考**
重庆、名人、历史	你认为红岩精神的内核是什么？
研学目标	
认识重庆的古今名人	

一方水土一方人，自古如是。

江南烟柳画桥、水光潋滟的景致滋养了南方人的婉约；北国大漠孤烟、孤城万里的苍茫造就了塞外人的豪迈；巴渝崇山峻岭、大江滔滔的险峻与雄阔，成就了山城儿女始终不变的热情、坚毅、智慧与爽朗。

（ 千古巴渝，名流荟萃；
地杰人灵，群贤闪耀。 ）

◎ 江表之虎臣：甘宁

甘宁，三国时期吴国的名将。字兴霸，巴郡临江（今重庆忠县）人，他少年勇武，性情任侠，在东汉末年天下离乱时率领部众入江东投奔了孙权，从此开启了"猛将"模式。先是大破黄祖，古据楚关；接着跟随周瑜，在赤壁之战中大破曹军；然后智取夷陵，逼退曹仁；镇守益阳，力拒关羽；更是凭着率领百人夜袭曹营，不损一兵一卒的战绩名传天下。

◎ 蜀汉名相：董允

如果说甘宁是古代巴渝的"武力担当"，那董允就是名副其实的"文人表率"。

董允，字休昭，蜀汉大臣。其父董和曾担任过益州太守、掌军中郎将，是刘备倚重的大臣之一。董允自幼受父亲影响，熟读百家，精通政事，能力不俗。刘备很欣赏他，很早就把他派到儿子刘禅身边，以东宫属官的身份辅佐、引导刘禅。

董允像 ▶

▲
成都武侯祠岳飞书《前出师表》碑刻

董允不仅才华横溢，而且忠正耿直。他直言敢谏，从不畏惧权势。刘禅继位后，他不止一次正颜匡谏，指出刘禅的错误，颇有几分魏征的风范。建兴五年（227），诸葛亮出师北伐前所作的千古名篇《出师表》中直言**"侍中、侍郎郭攸之、费祎、董允等，此皆良实，志虑忠纯，是以先帝简拔以遗陛下"**，可见诸葛亮对董允的才能和人品都是极认可的。事实上，董允也没有辜负这份信任，此后多年，他一直忠心耿耿地辅佐刘禅，成了继诸葛亮之后另一位蜀汉名相。

孙权曾直言："孟德有张辽，孤有兴霸，足相放也。"西晋史学家陈寿盛赞甘宁是"江表之虎臣"。到宋朝时，甘宁更是雄名诧千古，被册封为"昭毅武惠遗爱灵显王"，一跃成为无数人信仰的神祇。

甘宁像 ▶▶

◎ 大足和尚：赵智凤

赵智凤，法名智宗，南宋昌州（今重庆大足）人。

他是一位僧人，也是一个匠人，一生只致力于一件事，那就是雕刻。

他5岁落发，托钵修行，追随他的师父弘扬佛法。20岁时，他回到家乡大足，扎根宝顶山，从此便再也没有离开过。

重庆大足石刻中的宝顶山石窟就是他主持雕刻的。他花费毕生的时间，用刻刀为我们留下了满山栩栩如生的佛教"浮世绘"，不仅让石头开出了璀璨的艺术之花，也让自己的人生变成了另一副闪光的模样。

▲▲
赵智凤雕琢的华严三圣像

重庆群星闪耀 ▶▶ ▶▶

用"人杰地灵"这个词来形容重庆，实在是再恰当不过了。回眸千年，古渝名流荟萃，英豪毕至；到了近现代，不一样的人间烟火中，各行各业亦有群星闪耀，譬如罗广斌、卢作孚、邹容。

▲
罗广斌于白公馆监狱中和狱友一同制作的红旗在红岩革命纪念馆展出。

◎ 燃烧的红岩魂 —— 罗广斌

熟悉罗广斌这个名字的人或许并不多，但他的代表作《红岩》却是家喻户晓。

罗广斌是重庆忠县人，1924年出生，中共党员，新中国成立前夕曾遭受国民党反动派的迫害，被关进了臭名昭著的重庆"渣滓洞"，受尽折磨仍坚贞不屈。后来，他侥幸逃脱，便将其在关押期间的所见所闻、亲身经历改编成了长篇革命小说《红岩》。红岩魂、红岩精神从此被不断传扬、歌颂，成为重庆首屈一指的城市精神。

"中国船王"——卢作孚

卢作孚，重庆合川人，我国著名的爱国实业家、社会活动家，长江水道航运业的先驱，被誉为"中国船王""北碚之父"。

卢作孚出生于小商贩家庭，家境贫苦，因此他只读完了小学就独自外出闯生涯。卢作孚做过苦力，干过杂役，当过记者，做过官，后来以一艘小船起家，创办了民生公司，专门从事航运。

跑船多年，卢作孚凭着自身的智慧和手腕整顿了川江、打击了外资航运势力，还让川江航运权彻底掌控在中国人手中。抗战期间，他坐镇宜昌，组织了被誉为"中国敦刻尔克"的宜昌大撤退，保存了民族工业的火种。

重庆北碚区的卢作孚纪念馆内展陈着卢作孚的油画像。▼

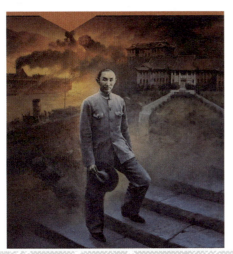

"革命军中马前卒"——邹容

"生如夏花之绚烂，死如秋叶之静美"，说的大概就是邹容吧。

邹容，本名邹桂文，1885年出生于四川巴县（今重庆巴南）。

邹容是个聪颖独立、极有见地的年轻人。他是中国第一批接受新思想的学生。1902年，邹容自费赴日留学，机缘巧合下接触了孙中山的民主革命思想，从此，他成了民主革命最忠实的拥趸。他不仅撰写了中国近代史上首部系统宣传革命的著作《革命军》，还**自诩为"革命军中马前卒"**，成为中国革命青年的代表。

留学归来后不久，因为当权者大肆搜捕革命党人和进步人士，18岁的邹容不愿连累他人，自行前往租界巡捕房，凛然入狱，两年后病逝。孙中山先生曾盛赞其"惟蜀有才，奇俊瑰落"。辛亥革命胜利后，经临时大总统孙中山批示，追赠邹容为"大将军"。

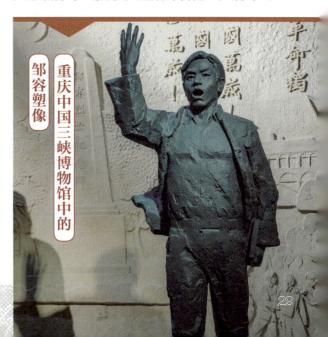

重庆中国三峡博物馆中的邹容塑像

世界遗产在重庆*

大足石刻
东方石窟的丰碑

在重庆大足区的山间，如繁星般散落着许多摩崖石刻、造像，它们统称为"大足石刻"。

大足石刻代表了9—13世纪世界石窟艺术的最高水平，是中国乃至世界艺术史上不可多得的瑰宝，1999年被列入《世界遗产名录》。

大足石刻以场面恢宏、雕刻精美、保存完好著称，具有极高的历史、艺术和科学价值。

研学地点
大足石刻景区

研学关键词
石刻、造像、艺术、佛教、世界文化遗产

研学目标
参观千姿百态的石刻造像，了解大足石刻的历史与审美情趣

研学思考
大足石刻有哪些艺术特色？

数读大足石刻

大足石刻是世界文化遗产

世界石窟艺术史上最后的丰碑

最早开凿于
650 年

有造像
50000 多尊

包罗万象，丰富多彩

大足石刻宝顶山入口

天下大足

穿越千年，邂逅大足

早在一千多年前的唐代，中国的石窟艺术就已经达到了极高的水平。

唐永徽元年（650），尖山子摩崖造像的开凿仿佛一点星火，点燃了大足地区石刻艺术隆兴的盛况；从晚唐到明清，数百年的时光中，北山、宝顶山、南山、石篆山、石门山、舒成岩、妙高山等颇具代表性的石窟造像群先后粉墨登场，以灼灼风姿，惊艳古今。

一窟一世界

作为石窟艺术史上"最后的丰碑"，大足石刻既充满了鲜明的民族色彩又带有浓浓的生活情趣。不同时代的造像有不同的风格，其中，宝顶山、北山、南山、石篆山、石门山的石刻尤其让人惊叹。

◎ 宝顶山

宝顶山开凿于南宋，是大足石刻群中规模最宏大、造像最精美的，山上大大小小的造像彼此独立又紧密相连，十分巧妙地在峭壁悬崖间铺展出了六道轮回、孔雀明王经变、千手千眼观音等各种佛教故事长卷。

长卷中，各色人物鲜活灵动。其中，千手千眼观音、横卧在宝顶山上的巨大卧佛和栩栩如生的巨幅《牧牛图》更是格外耀目。

大足石刻卧佛

◎ 北山

北山开凿于晚唐，历经唐、五代、两宋时期，不同时期的造像风格差异极大，具有鲜明的时代特色。其中，转轮经藏窟的石刻被誉为宋代石刻的巅峰，《古文孝经碑》更博得了"寰宇间仅此一刻"的盛赞。

大足石刻北山石刻

◎ 石门山

石门山是佛、道两教神仙"聚会"的地方，既有药师琉璃佛、孔雀明王、玉皇大帝等巨擘，还有威武凶猛的天蓬元帅、神态各异的十八罗汉、出尘脱俗的"三皇"、东岳大帝等。

大足石刻石门山石刻

◎ 石篆山

石篆山是大足石刻群中唯一一处有儒家造像的道场，不仅雕刻了儒家"至圣先师"孔子，还有"孔门十哲"，十分罕见。

大足石刻石篆山文宣王龛

◎ 南山

南山，古称广华山，是典型的道教摩崖造像群。在这里，不仅有威严的真武大帝、玄奥的"三清"，还有我们耳熟能详的玉皇大帝、后土三圣母等造像。

大足石刻南山真武大帝

武隆
山奇水险，洞映花颜

遥看武隆山水翠，芙蓉江畔显幽奇。
邂逅重庆，怎能不到武隆？

武隆是重庆的地质名片，也是深切型峡谷的典型代表。它以独特又罕见的喀斯特地貌著称于世，每年都会吸引大量游人前来寻幽探险。

研学地点
武隆

研学关键词
喀斯特、地缝、天坑、天生三桥、芙蓉洞

研学目标
在饱览武隆奇山秀水的同时，了解各种地理学知识，认识天坑、地缝等独特的地质景观

课堂链接
人教版高中地理教材必修第一册：常见地貌类型 喀斯特地貌

教材节选
地下喀斯特地貌以溶洞为主。溶洞长数米到数百千米，常常呈层状分布。溶洞顶部常见向下发育的石钟乳、石幔或石帘；底部常见向上发育的石笋。石钟乳和石笋连接起来形成石柱。

大自然用亿万年的时光亲手在我国西南大地上雕琢出了一派奇幻瑰丽的风光。

武隆天生三桥景区

喀斯特地貌大观园

武隆喀斯特地貌是地球演化史的重要见证。多年来，它一直是重庆的山水名片。

掬一捧阳光，漫步武隆，仿佛走进了一座屹立于岁月缝隙中的喀斯特大观园。在这里，我们不仅能亲眼看到地球上亿年的演化痕迹，还能一览南方山岳岭谷鲜活、生动的变迁历史，呼吸之间，便能触摸到远古地球的脉动。

天生三桥：
亚洲最大的天生桥群

武隆天生三桥是世界罕见的喀斯特地貌景观，亚洲最大的天生桥群，气势宏伟，磅礴壮丽。

天龙桥、青龙桥、黑龙桥这三座桥纵向并列，如三条巨龙横跨在羊水河峡谷之上。桥与桥之间还夹着两座岩溶天坑，形成了独一无二的"三桥夹两坑"奇观。

天生三桥景区天龙桥

◎天龙桥

天龙桥，又名头道桥，桥高235米，桥面宽度为147米，以高大雄伟著称。桥下有两个较大的拱洞，南侧的名为迷魂洞。洞壁有大量的破痕、窝穴及溶孔等水流活动的痕迹，仿佛上天的随意涂鸦，凌乱中透着古意。

◎青龙桥

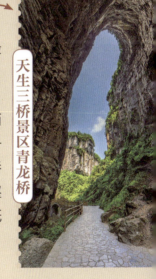

天生三桥景区青龙桥

青龙桥是天生三桥中最高的一座，桥上藤萝缠绕，苔痕青碧，绿意森森。雨后，飞瀑如白练般自桥面倾泻而下，阳光在水雾中勾勒出一道彩虹。远远望去，青龙桥仿佛一条矫健的青龙自渊壑间腾跃而起，扶摇直上，既唯美又奇幻。

研学新知

天福官驿

天龙桥下，深渊般的天坑中，有一座始建于唐代的古驿站，名叫"天福官驿"。青瓦灰墙，飞檐翘角，门廊上红灯高悬，古色古香。驿站外有一条笔直的驿道伸向远方。电影《满城尽带黄金甲》曾经在这里取景。

◎黑龙桥

天生三桥景区黑龙桥

黑龙桥桥面宽约193米，为天生三桥中宽度最大者。桥下拱洞黑暗深邃，充满了神秘气息，骋目遥望，仿佛一条黑色的巨龙蜿蜒盘旋。桥侧、桥上不仅有许多奇特的溶蚀景观，还有不少悬岩瀑布，飞珠溅玉，别具一格。尤其北侧水落如珠的珍珠泉、雾气氤氲的雾泉、奇特的三迭泉，更是各有千秋，相映成趣。

后坪天坑群：举世罕见的喀斯特冲蚀天坑

后坪天坑群，位于武隆区后坪乡，1997年被列入《世界自然遗产名录》。

后坪天坑群是世界上目前已经发现的唯一一座由地表水冲蚀形成的大型天坑群。

▲ **航拍天坑地缝景区**

天坑地缝是一幅绚丽多彩的丹青画卷，两岸夹道的岩石千姿百态，岩壁上，丛林遮天蔽日，森然欲合。

天坑是喀斯特地貌中"塌陷漏斗"的俗称。天坑的面积有大有小。后坪天坑群的五个天坑分别为：箐口、天平庙、牛鼻洞、打锣凼、石王洞。它们的深度都在300米左右。天坑内部分布着各种次生喀斯特地貌，如落水洞、石林、溶洞、竖井等。天坑四壁陡立，幽秀险峻，雨季时，有瀑布飞流直下，缭云溅雾，如雷轰鸣，极为壮观。

芙蓉洞

"天下第一洞"：芙蓉洞

素有"天下第一洞"之称的芙蓉洞，不仅是中国唯一的世界自然遗产洞穴，也是世界三大洞穴之一，位于芙蓉江畔。

芙蓉洞主洞长2700米，洞中辉煌溢彩，别有洞天。漫步洞中，瑰丽奇幻的石笋、石柱、石幔等更是让人眼花缭乱、目不暇接。

当然，芙蓉洞中最令人印象深刻的是举世罕见的芙蓉"五绝"：石花之王、巨型石瀑布、犬牙晶花石、生命之源和珊瑚瑶池。

研学新知

寻医探秘：钟乳石是种药？

钟乳石发育于溶洞地区，是地球表面长期风化作用的产物，既是一种奇石也是一种中药材。中医认为，钟乳石味甘、性温，能够明目、益精、通百节、安五脏等，还可用于缓解咳嗽、气喘等症状。

芙蓉江航拍

芙蓉江如碧绿绸带蜿蜒于群山之间，江水澄澈，倒映着两岸的古树奇峰，尽显诗意。

一川秀色入画图：芙蓉江

芙蓉江与芙蓉洞相伴相生。

芙蓉江，古称濡水，又叫盘古河，全长231千米，是乌江流域最大的一级支流。芙蓉江作为典型的峡谷型喀斯特河流，其地貌特征集雄、奇、险、幽、秀、绝于一体，两岸秀水碧波，古树参天，风光绮丽。蓊郁的古树在"U"形峡湾中用翠叶与繁枝织出了一片摇曳生姿的绿海，嶙峋的岩石则用独属于山的笔锋勾勒出了一幅幅烂漫的图卷，每一幅都趣味盎然。古人赞誉芙蓉江为"一川游尽画图中"。

龙水峡地缝

龙水峡地缝是几千万年前因造山运动而形成，是武隆境内又一岩溶地质奇观。

龙水峡地缝长约5千米，狭长而幽邃，远远望去，一线天光随云而起，苍翠的崖壁在光影交错间更显峻拔雄奇。瀑布悬挂在崖壁之间，仿佛垂天的白练。溪水静静地流过千姿百态的怪石。峭立的山岩间有老树葱茏，藤萝竞秀，群鸟喞啾。峡谷间斑斓万象，令人迷醉。

龙水峡地缝的瀑布 ▶

研学拓展

石钟乳、石笋和石柱有什么区别？

石钟乳、石笋和石柱都是钟乳石的沉积形态，石钟乳像灯笼一样悬挂在溶洞的洞顶，是向下生长的；石笋则像竹笋一样，在溶洞的地面上，是向上生长的。当向上生长的石笋和向下生长的石钟乳长到一定的长度，彼此接触后连接在一起，就会形成一种全新的形态——石柱。所以，从某种意义上来说，石柱就是石钟乳和石笋的组合体。

五里坡
神奇的生态秘境

在重庆巫山县的东北部，巍峨雄壮的大巴山与挺拔秀丽的巫山环抱之处，有一处充满了原始气息的生态秘境，它的名字叫五里坡。

五里坡国家自然保护区峰峦如玉、河湖星罗，峡谷、草原、湿地、森林相映成趣，珍稀动植物更是多得能开一场盛大的狂欢派对。

五里坡是国家级自然保护区。

总面积
352.766 平方千米

保护区有 **30** 平方千米的原始森林

79 种国家一、二级重点野生植物

80 种国家一、二级重点保护野生动物

研学地点
五里坡

研学关键词
五里坡、生态秘境、珍稀动植物、大峡村

研学目标
了解五里坡国家级自然保护区，认识和观赏保护区内的各种珍稀动植物

研学思考
五里坡为什么有如此多的珍稀动植物？

巨大的立体调色盘

五里坡国家级自然保护区内山峦起伏、翠色如茵。这里的山海拔高差极大，从山顶到山麓，气候差异明显，是真正的"一山分四季，十里不同天"。漫步山间，一路向上，仿佛落入了巨大的立体调色盘，移步易景，步步芳菲。

五里坡

五里坡是大巴山上的明珠，更是北纬31°线上闻名西南的绿色奇迹！

刚登山时，满目都是蓊郁碧绿的阔叶树，碎金般的阳光洒落在茫茫林海中，不经意间便化作了斑驳；到山腰，翠色渐减，林木渐稀，针叶和阔叶错杂成了一片斑斓的风景；到山巅，随风摇曳的苔草、星罗棋布的湖泊和嶙峋的山石又交织出了另一种劲秀的美感。

珍稀动植物大狂欢

五里坡作为西南地区颇具代表性的山地桃源、世界自然遗产地，其峡谷山峦中生活着很多珍稀动植物。红豆杉、银杏、珙桐、水杉等植物叶叶舒展、憧憬着阳光；金钱豹、斑羚、黑熊、苍鹰、白冠长尾雉等动物到处撒欢。

◎ 红豆杉

红豆杉，国家一级保护野生植物，一种生长在海拔高于 1000 米的高山上的常绿乔木，有着呈螺旋状生长的绿色长叶，种子为卵圆形，呈鲜红色，非常漂亮。

◎ 金钱豹

金钱豹是国家一级保护动物。它们的头圆圆的，耳朵小小的，黄色的皮毛上错列分布着许多黑褐色的圆形斑点，看上去像是一枚枚铜钱。它们喜欢隐藏在大树上。

◎ 白冠长尾雉

白冠长尾雉，国家二级保护动物。它们的头部和颈部呈白色，羽毛呈金色或棕黄色的鳞片状，尾翎长长的，喜欢群居在森林中，爱吃各种浆果、种子和植物果茎、嫩叶。

岩谷人家，探访大峡村

山养树，更养人。一方水土，一方风物。在五里坡有个净美怡人的小村庄，叫大峡村。村里人家不多，家家有田，户户种树，散养鸡鸭。低矮的房前有围着竹栅的小院，站在院中眺望，能看到成片的脆李树，真是一派原生态的好风光。

凤头蜂鹰

研学新知

重庆为什么被称为"鹰飞之城"？

重庆是整个亚洲猛禽迁徙路线上唯一的一座特大型城市。每年三月，在南方越冬的候鸟会陆续北返，在迁返过程中，许多猛禽，像黑冠鹃隼、凤头蜂鹰等都会从重庆经过。重庆是建在崇山峻岭中的城市，市内数条平行岭谷南北纵贯，这里有广袤的森林、清澈的水源、丰富的食物和舒适的栖息环境。

重庆
动物园

重庆动物园位处九龙坡区，依山傍水，风光如画。园区占地约43.5万平方米，三面环山，翠竹掩映，有小湖、清溪点缀其间，有竹廊、松亭错落分布，山水秀丽，引人入胜。大熊猫、华南虎、金丝猴、长颈鹿、丹顶鹤、企鹅、袋鼠、亚洲象等230多种、4000多只动物悠然生活其间。

憨态可掬 大熊猫

大熊猫，别名猫熊、竹熊，是中国特有的一种熊科哺乳动物，爱吃竹子，圆头短耳，身材肥硕，尾巴短，毛色黑白分明，憨态可掬，非常可爱，是我国的国宝。

重庆动物园的熊猫馆中，有大大小小20多只大熊猫。每一只都有自己的故事。大熊猫亮亮年龄最大、资历最老。大熊猫二顺是正经的"海归"，在加拿大生活过很多年。

大熊猫好奇是诺贝尔物理学奖获得者丁肇中喜欢的崽崽，它的名字就是丁肇中取的。大熊猫莽灿灿的名字是经过网络征名而定，"灿"寓意着"美好灿烂"，与双胞胎哥哥"星星""辰辰"组成"星辰灿烂"之义。

威猛俊秀 华南虎

华南虎，俗称中国虎，是中国特有的虎类亚种，国家一级保护动物。

华南虎头部较圆，体形较小，四肢粗壮，有一条细短的尾巴，橙黄色的皮毛上整齐地分布着黑色条纹，性格凶猛，动作敏捷。

玲珑可爱 小熊猫

小熊猫并不是大熊猫的缩小版，它有着大耳朵，尖尖脸，红褐色的皮毛，还有一条蓬松粗壮的大尾巴，尾巴上有九个环纹，故又被称为"九节狼"。

小熊猫性格懒散，平时没事的时候非常喜欢在树洞和岩缝中趴着睡觉。清晨或傍晚会出来寻些竹子、野果、小昆虫吃。

高高壮壮 亚洲象

亚洲象是亚洲体形最庞大的陆生哺乳动物，就连未成年的小象体重都是用吨来计算的。

亚洲象高2～3米，大眼睛，长鼻子，四肢粗壮。雄象有又尖又长的象牙和蒲扇般的大耳朵，亚洲象高高壮壮的，却一点儿都不凶。

身姿优雅 丹顶鹤

丹顶鹤是一种体形较大的鸟类，素有"仙禽"之称。它们体态优雅，黑颈白羽，头顶有一片非常醒目的鲜红色。

丹顶鹤是群居动物，喜欢三五结伴，生活在湖泊、河流、滩涂边等。丹顶鹤喜欢吃小鱼、小虾，以及水生植物的根茎，一点儿都不挑食。

机敏伶俐 金丝猴

金丝猴大概是所有猴科动物中最符合"美猴王"形象的。它们体形修长，略显娇小，鼻孔向上，嘴巴大而外突，身上长满金色柔亮的长毛，非常漂亮。

金丝猴性情机敏伶俐，爱热闹，喜欢群居在植被茂盛的森林中。

金佛山
生物基因库

研学地点	研学目标
金佛山	了解金佛山的位置、地形、风光，探访金佛山的动植物

研学关键词	研学思考
金佛山、生物基因库、桌山	金佛山为什么被称为"生物基因库"？

在重庆南部，大娄山脉北缘，有一座满载着诗情画意、风华隽秀的山，它已经矗立了千千万万年。《南川县志》盛赞它是"南山如初佛地"，并为它冠上了"巴蜀第一名山"的美誉。历代文人骚客，歌山咏山者争相吟咏。这座山，就是赫赫有名的金佛山。

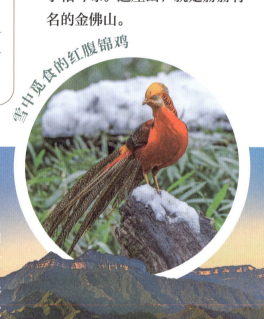

雪中觅食的红腹锦鸡

生物基因库

金佛山，又名金山，古时候称为九递山，由柏枝山、金佛山、箐坝山和周围起伏错落的峰峦组成。

受独特的地质环境和气候影响，金佛山的动植物资源非常丰富，素有"生物基因库""植物王国"之称。山中不仅有伯乐树、银杉、银杏树、连香树、珙桐等植物界"大佬"，还有金丝猴、红腹锦鸡、毛冠鹿等动物王国的"超级明星"，可以说是群英荟萃。

遇见桌山，梦幻光影新体验

金佛山平坦开阔的山巅，仿佛是一块巨大的棋盘，与兀立的险峰、峭拔的崖壁、漫卷的古藤、嶙峋参差的石林怪岩相互映衬，蔚然成趣。

山中的峡瀑溪流、峰峦溶洞原便极美，再加上变幻莫测的霞、雾、云、雨，就愈发显得婀娜。夏秋时节的黄昏，夕阳西照时，层叠的山峦被金色的阳光层层点染，远远望去，仿佛一尊巨大的金色佛陀。佛陀身畔，灿烂绚丽的晚霞缭绕生姿，更添几分逸趣。烟岚水汽较重的清晨，金佛山巅的云海会格外瑰丽，滚滚的云涛汹涌澎湃，卷起千堆雪。若恰逢日出，万丈金光耀云海，更是气象万千。如果错过了日出也没关系，当云积成雨，柏枝山的"红雨"奇观不知不觉就能惊艳你。

蜀中名山

蜀中有很多名山，金佛山、峨眉山、青城山和剑门山就是其中的四个代表。金佛山是独特的喀斯特桌山；峨眉山是佛教名山，素有"峨眉天下秀"之称；青城山是道教圣地，以幽秀闻名天下；剑门山是"天下雄关"剑门关所在地，以雄险著称。

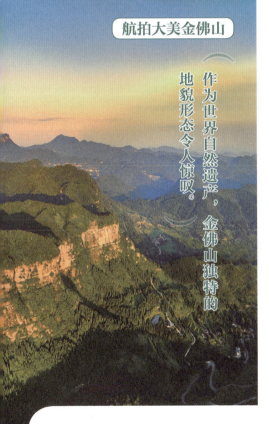

航拍大美金佛山

作为世界自然遗产，金佛山独特的地貌形态令人惊叹。

◎春

春日的金佛山，放眼青葱，漫野芳菲，数十种杜鹃在山间、溪畔、崖边如火般肆意绽放。有艳丽的红，清丽的粉，也有灼灼的黄，一丛丛、一簇簇、一片片，成海、成渊、成霞。金佛山上还有一株千年杜鹃王树，盛放时满树璀璨。

◎夏

"城南温度九十九，游人半向金山走。"盛夏时节，掬一捧南风，到植被繁密、蓊蓊郁郁的金佛山避暑，是不错的选择。金佛山中不仅树多、林密，而且有许多溶洞。位于金佛山山顶的古佛洞，有上下两层洞穴，站在洞口极目远眺，天高云低，气象万千。

◎秋

西风起，彩叶生。秋日的金佛山，天高云淡，非常适合徒步。沿着山路缓步前行，不仅能邂逅斑斓的彩林、炫目的红叶、摇曳的山菊花，还能纵情观览金佛寺、山泉公园、龙岩城等。

◎冬

冬日，去金佛山的牵马坪滑雪是很不错的选择。在寒风中，看看满山琼枝、残雪，欣赏一番颇具南国特色的雾凇，也是很新奇的体验。

■ 四时风光多绮秀

金佛山四季分明，不同的季节，风光也迥然不同。

春 夏 秋 冬

仙女山国家森林公园
南国第一牧原

素有"火炉"之称的山城重庆，是一座火辣辣的城市。盛夏时节，加倍的躁热和免费的"桑拿"天气总能让人在不经意间疲惫不堪。不过，不怕，重庆人有自己的超级定制版"避暑夏宫"——仙女山。

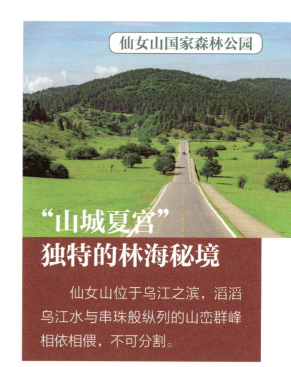

仙女山国家森林公园

"山城夏宫"
独特的林海秘境

仙女山位于乌江之滨，滔滔乌江水与串珠般纵列的山峦群峰相依相偎，不可分割。

受地形影响，仙女山虽然和"火炉"重庆市中心相距不远，却是典型的亚热带湿润季风山地气候，这里一年四季清清凉凉，即便在盛夏7月，气温也很少超过20℃。

万亩林海每年都会用葱郁的枝叶编织出一片无垠无边的绿色秘境，将烈日与酷暑通通拒之门外。熏熏夏日，吹着凉风，漫步茫茫林海之间，看满目葱绿，听鸟鸣啁啾，真是惬意。

研学地点
仙女山国家森林公园

研学关键词
仙女山、南国第一牧原、雾、林海雪原、夏宫

研学目标
欣赏并了解仙女山明媚的自然风光

文章链接
《山城的雾》

研学思考
仙女山国家森林公园为什么有"南国第一牧原"之称？

策马踏花
南国第一牧原初体验

仙女山平均海拔1850米，它的垂直气候带分布明显，山巅十万亩辽阔的高原草场绿色茵茵、别具风味，素有"南国第一牧原"之誉。

这里的草场不是一望无垠的，而是波澜起伏的，像翻滚的波浪。春夏时节，策马驰骋在草场，唱着歌，踏着繁花，看天上流动的白云与地上雪白的羊羔相映成趣，多浪漫，多有趣！

文章节选：

山城，清晨的雾，真是无比奇幻——像天上的仙女撒下帷幔，山城变成了谜一样的宫殿。太阳一出山便被罩住，天空只剩下一个淡淡的圆。

雪原冰瀑
冰雪铸就的童话

熟悉仙女山的人都知道，仙女山有"四绝"。

林海　草场　雪原　奇峰

银装素裹的冬

皑皑白雪为连绵的山峦披上银装，万亩草原成了雪的世界，到处都洁白无瑕。

每年 11 月，仙女山都会自动开启"凛冬模式"，厚厚的雪把草场装点成了洁白的绒毯，雾凇在阳光下给林海镀上了一层带着彩光的银边。晶莹剔透的冰瀑千姿百态，放眼望去，满目银装，仿佛冰雪铸就的童话世界。

谁还不是个雕刻家？

比起南国罕见的林海雪原、独树一帜的高山草场，仙女山千姿百态的奇峰似乎没有那么引人注目。

仙女山的奇峰中最引人注目的就是小耕坝草场上屹立的孤峰——菩萨坨。这座山峰远看像一尊菩萨，宝相庄严，慈眉善目，因此得名。

平流雾景观

雾里雾外，秀色可餐

山有千面，面面妖娆。仙女山晴、阴、雨、雪时各有风姿。起雾时，景色尤美。

清晨雨后，薄雾渐起，仿佛袅袅的烟、轻轻的纱漫过峡谷，铺满群峰，缭绕着山花碧草，朦朦胧胧，美轮美奂。

夏秋时节，雾气浓时，整个山间完全隐没在云海之中，滚滚生波，好似瑶池仙境，更显梦幻。

如果说林海是仙女山夏日的浪漫，那么牧原就是仙女山得天独厚的旖旎。

草地

街巷中的非遗与文化*

能歌善舞巴渝人
锦绣长歌

巴山巍峨险峻，蜀水奔放豪迈。在巴山蜀水的滋养下成长起来的巴渝人在大自然的锤炼与熏陶下变得乐观、坚韧、能歌善舞。

源远流长，"南音"滥觞

巴渝的歌，历史悠久，源远流长。

《吕氏春秋·音初篇》中有载："涂山氏之女乃令其妾候禹于涂山之阳，女乃作歌，歌曰：'候人兮猗。'实始作为南音。周公及召公取风焉，以为《周南》《召南》。"这里的"涂山之阳"就在巴渝。

南溪号子传承人在油菜花田里一边劳作，一边唱南溪号子。

研学地点

奉节、黔江区土家族村寨等

研学关键词

非遗、歌舞、川江号子、龙舞、彩扎

研学目标

感受重庆非遗文化的独特魅力，了解非遗知识

研学思考

你还知道哪些劳动号子？

◎ 南溪号子

在重庆黔江区土家族村寨中长期传唱的南溪号子，曲调柔和、轻快、随性。

南溪号子歌词多为即兴创作，歌唱的多是土家族的历史、文化、传说、日常生活等。其唱腔比较固定，形式有"三台声""喇叭号""大板腔""南河号""九道拐"等十余种。基本唱法为一人领喊，其他人分高音、低音互相应和，歌声悠扬激荡。

◎ 木洞山歌

木洞山歌是带着浓浓巴渝乡土气息的山歌，"下里巴人"艺术的典型。它最早可追溯到上古时期，经过数千年的传承和衍变，到明清时，才最终定型。

秋收时，木洞人也会一边干着农活，一边开心地唱着木洞山歌。

禾籁是木洞山歌最主要、也最精彩的表现形式，俗称"薅秧歌"，有高腔、平腔、矮腔、连八句等多种表现形式。

田间劳作场景

◎ 川江号子

川江号子发源于重庆和四川东部，是典型的巴渝民歌，随着码头和船运文化的隆盛而兴起，既是船工们与险滩恶水抗争、搏斗的历史见证，也是巴渝人勤劳、朴实、乐观的性格在音乐领域的鲜活演绎。

川江号子是船工们为统一动作和节奏，由号工领唱，众船工帮腔、合唱的一种一领众和式的民歌，包括上水号子和下水号子，曲调或高亢、或激烈、或雄浑、或欢脱，引人入胜。川江号子在巴渝，甚至整个长江流域，传唱不衰，不仅内容丰富、包罗万象，而且形式多样、表现力极强。

纤夫们一边拉纤一边高唱川江号子。

◎ 啰儿调

发源于重庆石柱土家族自治县的啰儿调有着悠久的历史。

啰儿调旋律简单，节奏较为明快，形式多样，一唱众和，表现的多是土家人的日常生活。有播种、插秧时唱的田歌，有放牛放羊、赶鸡牧鹅时唱的牧歌，有岁时节令唱的节令歌。其中代表民歌《太阳出来喜洋洋》蜚声海内外。

舞动巴渝，惊艳你我

巴渝舞源于巴国的战舞。史籍记载，巴人骁勇、猛悍，曾参与过史上著名的武王伐纣之战。巴人行军时，习惯前歌后舞，边唱边走，有时候，还会跳着奇特的战舞冲锋。

巴渝地区传承下来的很多舞蹈，无论是羽人舞、龙舞，还是竹枝歌舞、踢踏舞、摆手舞，它们同巴渝战舞一样，天然就带着一股勇往直前、欢快热情的气息。

（ 巴人善歌，亦善舞。

　　歌舞相承，甚是惊艳。 ）

铜梁龙舞

◎ 阳戏

盛行于重庆酉阳地区的阳戏，俗称"木脸戏"，是一种融合神话传说和巴渝民俗风情的特色歌舞。

早在原始社会时期，土家族的先民们在举行大型祭祀活动时，就会戴上木制的、画着不同花纹的假面具，载歌载舞。歌舞的内容多源于神话传说，舞步奇特，曲调悠远，神秘而苍古。

◎ 铜梁龙舞

素有"中华第一龙"之称的铜梁龙舞，兴于明，盛于清。数百年前，铜梁龙舞就已经凭着明媚的色彩、雍容的舞姿、磅礴的气势，惊艳世界。

作为首批国家非物质文化遗产，铜梁龙舞在重庆民间艺术圈大名鼎鼎，包括龙灯舞和彩灯舞两大系列。龙灯舞主要包括火龙、大蠕龙、稻草龙，荷花龙等。不同的龙，辗转腾挪、肆意飞翔，带着不同的风采与气质。其中以大蠕龙最有特色，大蠕龙大气磅礴，华丽又雍容；以铁水打金花的形式展现的火龙，红红火火，璀璨烂漫。铜梁龙舞每次舞动，都是一场视觉盛宴。

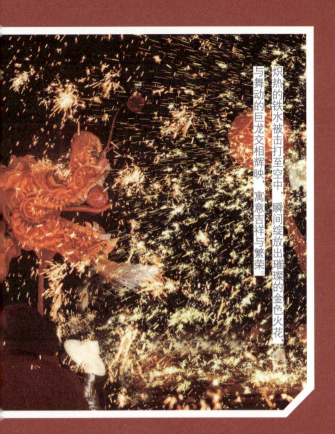

炽热的铁水被击打至空中，瞬间绽放出璀璨的金色火花，与舞动的巨龙交相辉映，寓意吉祥与繁荣。

◎ 竹枝歌舞

竹枝歌舞是唐朝时盛行于夔州（今重庆奉节）、充满了诗情雅韵的一种舞蹈，它集歌、舞、乐于一体，尽显巴渝韵味。

竹枝歌舞中的"竹枝"，指的并不是青青翠翠的修竹枝叶，而是唐朝著名大诗人刘禹锡在担任夔州刺史期间所作的十一首《竹枝词》。夔州百姓，以舞和词，广泛传唱。其中，最有名的一首便是："杨柳青青江水平，闻郎江上唱歌声。东边日出西边雨，道是无晴却有晴。"

刘禹锡雕像

竹枝词

制作龙灯彩扎

作为"中国龙灯之乡"，铜梁不仅有绚丽惊艳的龙舞、璀璨华美的龙灯，还有各种各样的龙形彩扎。彩扎，又叫纸扎、绸扎，是一种传承已久的非遗技艺，我们去体验一下吧！

巴渝千年梦，龙吟铜梁城。

◎ 1. 绘图

用彩笔绘制自己想做的彩扎的基本轮廓。

◎ 2. 动手

用竹条、木条等制作彩扎的骨架，支撑一个基本的形状。

◎ 3. 裱糊

把各种颜色的彩纸或者绸布裱糊在已经做好的骨架上。

◎ 4. 彩绘

用颜料在纸或绸布上绘制图案，如龙鳞、龙纹、云朵等。

◎ 5. 装饰

根据龙灯的设计风格，使用金银线、珠子、亮片等对龙灯进行点缀，增加龙灯的华丽感和观赏性。

铜梁龙灯彩扎

47

匠心筑梦
巴山渝水间的技艺传承

一代又一代巴渝人，笃行致远，用勤劳与智慧不断缔造着独属于巴渝的传承经典与技艺华章，辗转风雨数千年，始终不息。酉州苗绣、荣昌制陶、荣昌制扇、永川豆豉酿造等项目名列非遗名录，这些独属于巴渝的古老技艺绽放出无尽的精彩。

蜀绣

苗绣

苏绣

湘绣

酉州苗绣 古苗文化的活化石

酉州苗绣是一种非常古老的刺绣技艺，源于古时候濮人的雕题文身，是苗族文化在指尖上的一种具现，被誉为"古苗文化的活化石"。

比起湘绣、蜀绣、苏绣，苗绣的设色更加大胆、鲜艳，主要以红、绿两色为主，明媚又鲜亮；图案与花样更是华美张扬，有五彩斑斓的龙、造型奇特的蝴蝶、胖成球的鱼、把"王"字镌刻在额头的凤、红艳得有些夸张的牡丹、绽放百花的花树……

研学地点
酉阳、荣昌等

研学关键词
非遗、匠心、技艺

研学目标
初步了解重庆的各种非遗技艺，听老匠人讲讲非遗传承故事

研学拓展
苗绣、荣昌折扇、荣昌陶器等制作工艺

研学思考
中国四大名绣都有哪些？

永川豆豉 小技艺，大传承

豆豉是西南地区非常常见的一种调味料，是居家生活的必备品。

重庆的豆豉首推永川豆豉。永川豆豉纯手工制作，酿制技艺传承久远，是国家级的非物质文化遗产。酿制豆豉主要的用料是黄豆。要把黄豆变成豆豉，工序有十多道，包括选豆、挑杂、淘洗、浸泡、晾晒、制曲、发酵等，最终形成黝黑光亮、清香适口的豆豉。

永川豆豉

永川豆豉色如琥珀，豉香浓郁醇厚，一勺点化百味，是川菜的灵魂调味品。

荣昌陶

陶土上的辉煌时光

荣昌陶器是"中国四大名陶"之一，以"薄如纸、声如磬、亮如镜"著称，其外观简约大方、美观实用，有日用陶、包装陶、工艺美术陶和园林建筑陶四种类型。

荣昌陶器多数是用安富街道附近鸦屿山的优质陶土烧制而成的，制作技艺距今已经有800多年的历史，2011年正式列入《国家级非物质文化遗产代表性项目名录》。

> 荣昌陶，泥与火的千年对话，浴火涅槃而名扬四方。

荣昌折扇

名扇春秋，匠心筑梦

作为"中国三大名扇"之一，荣昌折扇多年来一直闻名遐迩。它轻盈灵巧，开合自如，易于携带，兼具实用与艺术价值。

荣昌的制扇史最早可追溯到北宋。荣昌折扇素以精良著称，扇骨多采用楠木、檀香、硬青或棕木，无断面；扇面则是绸质、毛质或胶质的，造型雅致，品类多样，花色繁多。一把扇，绘出了山河万里、人间万象，每一处细节都精益求精，凸显匠心。

少年研学体验官

制扇

制扇是个技术活儿，看上去很简单，想要做好却并不容易。今天，我们就一起化身"小匠人"，亲手做一把属于自己的小扇子。

1. 准备材料 准备彩笔、白纸（彩纸）、剪刀、竹条、胶水、铜钉等。

2. 制作扇面 用剪刀将纸裁剪成圆形或椭圆形，用彩笔画出图案，再反复对折出风琴一样的折痕。

3. 制作扇骨 把竹条切成适当的长度，削平、削尖。

4. 组装 用铜钉将扇骨连接，再将扇面和扇骨粘在一起。

尽"扇"尽美

扇中藏乾坤，
一扇一琅嬛。

扇子古称"箑"，盛于中国，美于中国。自古而今，风华数千年，尽"扇"尽美。我国已经形成了独特的扇文化。

扇的前世今生

中华上下五千年，制扇用扇三千年。史籍记载，"舜始造扇"。

- ✔ **上古时期** "三皇"之一舜做五明扇，为扇的雏形。
- ✔ **商周时期** 用华美绚丽的雄鸡长尾做的雉扇慢慢取代了五明扇。
- ✔ **战国时期** 用禽鸟羽毛制成的羽扇开始引领新的时尚潮流。
- ✔ **两汉时期** 绢扇在宫廷嫔妃间流行开来，故又称"宫扇"。

此后，千年辗转，扇家族不断壮大，发展出了蒲扇、竹扇、团扇等各种不同的类型。

扇里扇外，别样风华

扇子，又称凉友、摇风，最主要的用途就是扇风纳凉。

除了扇风纳凉，在古代，王公贵族还习惯用扇子遮风挡尘或彰显地位。精美的纨扇、檀香扇、火画扇等更是备受古代贵族、名流的钟爱。

尽"扇"尽美，不一样的扇子

一扇一风致，不同的扇，演绎着不同的美。走进扇的世界，总能邂逅不一样的唯美与故事。

◎ 纨扇

纨扇，又名绢扇、宫扇、团扇，兴起于汉代。纨扇以洁白的绢或绸为扇面，竹、木为扇柄，有圆形、长圆形、椭圆形、六角形、海棠形、梅花形等不同的形状。纨扇造型精致，玲珑华丽，深受古代贵族女性的喜爱。

纨扇

羽扇

折扇

檀香扇

火画扇

◎ 羽扇

羽扇，顾名思义，就是用鸟禽的羽毛制作的扇子。比如，用鹅毛做的鹅毛白羽扇，用华美的孔雀毛做的孔雀扇，用雉鸡长尾做的雉扇，用雕翎、鹰羽做的雕翎扇、鹰羽扇等。从春秋战国时期起，数百年的时间里，羽扇一直是扇子家族的"宠儿"，尤其是三国两晋南北朝时期，羽扇纶巾更成了名士们公认的"时髦穿搭"。

◎ 折扇

两宋时期，文人墨客们最爱题扇、画扇、藏扇。

小小一把折扇，方寸之间，就能绘出江山万里、长河锦绣、市井百态、万家灯火。一把扇，一段故事，一分精彩。而且，折扇能折叠，易携带，实用性更强。

◎ 檀香扇

檀香扇是用檀香木制作的扇子，多为折扇。扇上以精巧的工艺雕琢着花鸟鱼虫、草木人物，精致又玲珑。檀香木自带芳香，既防虫蛀，又能醒脑，轻轻一摇，鼻间流香，十分怡人。

◎ 火画扇

火画扇是葵扇的一种，传承于广东新会，用上等的葵叶制成，质地柔软，颜色莹白剔透，有光泽，有玻璃般的质感。扇面上有用特殊的火笔画的各种人物、风景等，永不褪色。

研学新知

诸葛亮和羽扇

如果古代也有营销，那么诸葛亮肯定是羽扇的"最佳形象代言人"。在《三国演义》中，"卧龙"诸葛亮出场时总是身穿布衣、头戴纶巾、手摇白羽扇，运筹帷幄，决胜千里。传说，诸葛亮的白羽扇是他的岳父黄承彦所赠，用鹅毛制作。黄承彦爱鹅，也喜欢养鹅，以鹅毛扇赠送诸葛亮，是为了提醒他：人生在世，当如鹅一般机警谨慎。

雕刻与绘画
不一样的指尖魔力

研学地点
梁平

研学关键词
指尖上的非遗、木雕、竹编、石雕、年画

研学目标
初步认识重庆指尖上的非遗，亲自体验非遗工艺

研学拓展
重庆多项非遗技艺的发展史、特征、特色

研学思考
"以刀为笔，以木为纸"说的是哪个非遗项目？

山峦纵列、江河川流的独特地理环境，不仅赋予了重庆毓秀旖旎的自然风光，也缔造了一大批极富巴渝特色的艺术瑰宝：竹编、木雕、石雕、木版年画……在一代又一代匠人的巧手下，巴渝山间河畔、乡野地头常见的竹、木、石头，不知不觉便蜕凡脱俗，焕发出了无尽的风采。

> 一双巧手镌日月，
> 一木一石写春秋。

竹丝编出锦绣世界

位于重庆东北部的梁平为典型的山区地貌，丘陵纵横，山丘之中盛产慈竹。

早在北宋时期，就有心灵手巧的匠人将翠绿粗大的竹子通过去节、破竹、启篾、分丝、搓揉等工序，制成柔韧清亮的竹丝，再用竹丝编织出竹帘。当时，梁平竹帘名闻天下，被选为皇家贡品，有"天下第一帘"的美誉。时至今日，梁平竹帘已经成了梁平竹编的代名词。

梁平竹帘

竹——编

木——雕

重庆传统木雕

木上写春秋

中国的木雕工艺史大约可追溯到新石器时代，秦汉时期就已经非常繁盛。重庆的木雕艺术发展较晚，以奉节木雕为典型代表。

奉节木雕首重画工，每一位木雕匠人都是名副其实的画家，"以刀为笔，以木为纸"，削刻点凿之间成就了一幅幅唯美"画卷"。"画"上有山，有水，有花，有树，有人……木上雕琳琅，春秋入画图，俨然大观。

神乎其神的现代文物

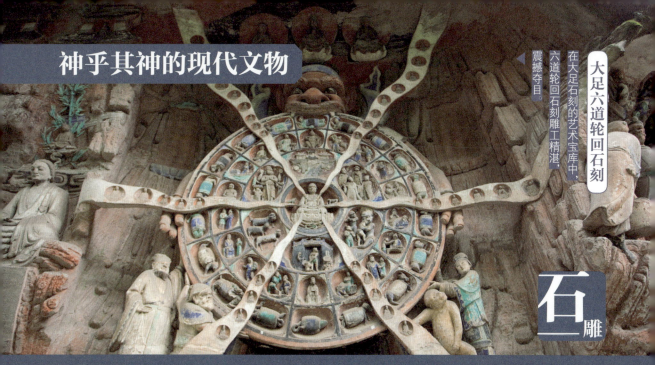

在大足石刻的艺术宝库中，六道轮回石刻雕工精湛，震撼夺目。

大足六道轮回石刻

石雕

石头原本是没有生命的，但经过巴渝代代石雕手艺人的雕琢，大大小小、形状各异的石头变得灵动鲜活。

石雕雕的不仅是生活百态、市井风物，同样是艺术、是情感，是独特的审美与厚重的历史，是曾经发生过的事，是曾经存在过的人、物与建筑。

重庆石雕传承久远，最有名气的自然是大足石雕。大足石雕与大足石刻一体同源，展现的多是佛教人物和故事，罗汉、菩萨、佛陀的形象栩栩如生、神乎其神，堪称现代文物。

画出来的年味

梁平木版年画经过300多年的岁月积淀成就了古朴风格，画、雕、印三种技法的融合突显了它的格调。每逢年节，巴渝的街头巷尾能见到各种年画，有门画、花纸，也有小巧的花笺。年画的内容大体可分为三类：门神、神话传说和戏曲故事。人物造型夸张，设色艳丽，充满喜庆与年味。

木版年画

梁平木版年画的雕刻

研学拓展

我国具有代表性的木雕有哪些？

中国的木雕技艺经过数千年的发展已经形成了多个富有地域色彩的流派。

曲阜楷木雕刻：源远流长，刀工古朴，简约大方，以细腻精巧见长，造型多厚重，雕刻的类型以如意、寿杖为主。

宁波朱金漆木雕：流传于浙江宁波、奉化一带的一种独特的漆雕艺术，号称"三分雕刻七分漆"。木雕雕刻完成后，要上彩、贴金、描花，工序繁复，以富丽堂皇、璀璨华美见长。

澳门神像雕刻：博采众长、融百家之长，刀工明畅而严谨，神像造型严谨，装饰华美。

美食江湖
食在重庆，不止麻辣

研学地点	研学目标	研学思考
磁器口等	认识、品尝重庆的美食	"中国八大菜系"指的是哪八种地方菜系？

研学关键词	研学拓展	
非遗美食、麻辣、红火	重庆火锅的历史故事，重庆独特的美食吃法	

邂逅重庆，山水美景不可错过，丰味美食、各种特色菜肴更不可辜负。

重庆是中国闻名遐迩的美食之都。重庆人爱吃，也会吃。重庆人吃的不仅是味道、是新鲜，还是文化、是历史、是不泯的情怀与记忆。

火锅 重庆美食界的代表

巴渝人喜好辛香，向来都是无麻不爽，无辣不欢。以麻辣鲜香著称的火锅自然极受重庆人青睐。重庆的火锅兴盛于码头。码头上的船工们每次远航之前都要吃一顿"开船肉"。于是，机灵的小贩们沿袭"开船肉"的习俗，创造性地发明了"水八块"，也就是原始版的毛肚火锅。

火锅可以单吃，也可以一群人围在一起热热闹闹地聚餐。一个涮锅被"井"字格均匀分割，一人一格，想涮啥涮啥，荔枝味、怪味、麻辣味、椒麻味、酸甜味……多数人的口味都能兼顾到。

食出大江
红红火火江湖菜

俗话说："靠山吃山，靠水吃水。"滔滔长江水不仅孕育出了厚重的巴渝文明，也催生了独具重庆特色的江湖菜。

江湖菜，缘水而生，因水而兴，乡土气浓，"鱼"味无穷。

来凤鱼是重庆江湖菜的鼻祖，又麻又香，鲜嫩适口，味浓色重。来凤鱼选用肉质鲜嫩的鱼烹制，出锅后，淋上滚沸的热油，伴着噼里啪啦的声响，一股难以抑制的香味便瞬间弥漫开来。本地人大多喜欢吃麻辣味，豆瓣味和荔枝味也不错。

◎ 来凤鱼

在以"鱼"为主角的江湖菜菜系中，辣子鸡能够"出人头地"，靠的可是真实力。

重庆的辣子鸡首推歌乐山。歌乐山的辣子鸡色香味俱佳，满满一盘红彤彤的干辣椒，配上鲜香脆辣的鸡肉丁或鸡肉块，不仅视觉效果很惊艳，吃起来更是满口流香，令人拍案叫绝。

◎ 歌乐山辣子鸡

太安鱼是重庆潼南的美食名片，用优质、新鲜的鲤鱼或鲢鱼精心烹制而成，是江湖菜中的一味传奇。

太安鱼并不以辣取胜，味道比较清淡，但极富层次感，每吃一口，都能吃出不同的味道，或鲜、或滑、或甘、或脆、或辣，变幻莫测，非常神奇。

◎ 潼南太安鱼

毛血旺的前身是码头船工们曾经的最爱——杂碎汤，这是生于重庆、长于重庆的正经渝味。吃毛血旺首选磁器口。

磁器口毛血旺是江湖菜的"元老"，它的做法非常考究。猪骨熬制的醇香汤底，配上鸭血、鸭肠、鸭肚、豆芽、猪心等各色食材，红红火火，热热烈烈，还没入口就已经觉得舌上生香。

◎ 磁器口毛血旺

独属重庆的家常味道

比起红红火火的火锅、各具特色的江湖菜，对重庆人来说，遍布街头巷尾的小吃小食更有家的味道。

重庆小面

重庆的清晨，有一半是属于小面的。许多重庆本地人早起第一件事就是吃一口热乎、麻辣的重庆小面。

劲道柔韧的面条，配上满满的红油，再加些自己喜欢的浇头：脆豌豆、豆豉、杂酱、牛肉片、肥肠等入口鲜香，让人忍不住大快朵颐。

酸辣粉

酸辣粉麻辣中透出微酸，层次丰富，开胃效果尤佳，是山城街头最受欢迎的地道小吃之一。

渝人嗜辣，也不厌酸。酸辣粉多年来一直是川渝美食榜上名列前茅的美食。它以酸辣鲜香、爽口开胃的特点风靡全国，完美诠释了山城饮食的豪爽与酣畅。

香甜软糯的红苕筋，配上用老盐水泡过的泡菜，再混入秘法调制的辣椒油和蒜末、香叶、葱段，酸辣鲜爽，非常美味。

鸡豆花

鸡豆花是重庆颇有名气的一道小吃，以"吃鸡不见鸡，豆花不见豆"而闻名。

和传统的豆花不同，鸡豆花不是用黄豆磨制的，而是用新鲜的鸡胸脯肉肉泥混合鸡蛋清勾芡，再用醇香的鸡汤熬煮而成。

做好的鸡豆花色泽莹白，软糯清香，既有鸡肉的醇厚，又有豆花的软嫩，超级好吃。

重庆美食麻辣鲜香，花椒与辣椒在舌尖碰撞，令人欲罢不能。

国民美食 火遍全国的佐食小菜

如果重庆的美食江湖也分门派的话，"涪陵派"和"忠州派"的名气非常旺，一点儿也不比"江湖派"逊色。

◎ 涪陵榨菜

涪陵美食派的"当家花旦"当属涪陵榨菜。

涪陵榨菜是世界著名的三大腌菜之一，不仅在国内闻名遐迩，在海外也有一定的知名度。

虽然只是佐餐下饭的小食，但这款用青菜头经过十余道工序炮制而成的榨菜，味道却好得让人没话说。涪陵榨菜脆爽适口，微辣鲜嫩，只要吃上一口就舍不得停下。

◎ 忠州豆腐乳

豆腐乳虽然不算是什么稀罕美食，但传承了上千年、在岁月流淌中始终不朽的却极少见。忠州豆腐乳恰恰是其中之一。

忠州豆腐乳，源于唐代，历史悠久，是正经的"古味"，有红油、白方、香辣三类。它形状方正，入口细腻，余味绵长，既可以用来炒菜、炖菜，也可以佐食，经济又美味。

研学新知

中国的八大菜系

徽菜重炖烧，黄山炖鸽、徽州臭鳜鱼等都是徽菜名品。

鲁菜盛于山东，有济南派和胶东派两个流派。

闽菜以福州菜为主流，淡爽清鲜，荤香不腻，代表菜品有佛跳墙、荔枝肉等。

苏菜盛于江苏，苏菜中的一支——淮扬菜曾为宫廷菜，目前国宴中的大多数菜肴仍属于淮扬菜，如水晶肴蹄、蟹粉狮子头等。

川菜盛于四川和重庆等地，麻辣鲜香，味型丰富，令人回味。

粤菜清脆鲜嫩，代表菜品有蛇羹、梅菜扣肉等。

浙菜和苏菜味道相近，重清鲜，重原味。

湘菜重煨烤，咸香酸辣，东安子鸡、剁椒鱼头等是经典。

徽菜　川菜　粤菜　鲁菜　浙菜　闽菜　湘菜　苏菜

中国有八大菜系，每个菜系都别具特色。

古韵悠悠岁月长*

洪崖洞
人间最美烟火

在重庆市渝中区，嘉陵江与长江交汇的地方，有一片充满了古韵风情的吊脚楼群，它的名字叫洪崖洞。邂逅洪崖洞，不仅能见证历史的厚重、巴渝的荣光，还能体味市井百态，与人间最美的烟火不期而遇。

洪崖洞

洪崖洞矗立江畔，灯火辉煌的夜景像一个梦幻世界。

> 洪崖自古多繁华，重峦滴翠耀山城。

岁月歌繁华

洪崖洞的历史非常悠久。相传，古时候有一位名为"洪崖仙人"的道士曾在此修炼，故而得名。古代巴国时期，这里就已经建成了一座威严峻肃的军事要塞。明清时，这里成为西南地区首屈一指的商贸区与码头。如今，它宛如一颗璀璨的明珠，镶嵌在巴渝大地，熠熠生辉。

研学地点

洪崖洞

研学关键词

洪崖洞、吊脚楼群、辛亥丰碑

研学目标

游览重庆地标建筑——洪崖洞，了解洪崖洞的位置、建筑风格和特色景观

研学拓展

洪崖洞的传说故事、历史沿革

研学思考

洪崖洞的建筑与山城的地形是如何结合的？

古韵悠悠，邂逅"天空之城"

洪崖洞是一片建在悬崖上，庞大、繁华、古色古香的干栏式吊脚楼群，被誉为"中华悬崖城"。每当夜幕初上，华灯次第亮起的时候，整个洪崖洞流光溢彩、绚丽辉煌，就仿佛一座童话中的城堡，非常漂亮。

穿越"时空"，别样风情

漫步"洞"中，如步云端，十三层楼每一层都独具特色，上下楼之间就仿佛在不同的时空穿梭，一层一洞天，格外奇幻。明明上一层还在"古巴人遗址"中寻幽探秘，下一层就进入了赛博朋克的未来空间，戴着 VR 眼镜，尝试着穿越镜子迷宫，飞跃"重庆"。

洪崖洞有四街，分别是纸盐河动感酒吧街、天成巷巴渝风情街、洪崖洞盛宴美食街、城市阳台异域风情街，它们各具特色，风情万千。

洪崖滴翠

洪崖滴翠是洪崖洞的风光名片，古代"渝城八景"之一，苏轼、黄庭坚等都在此留过题刻。我们常常能看到，在洪崖洞沿河的崖壁上，细流如串珠般从空中滴落，在阳光的照耀与周围葱翠树木的掩映下，呈现出碧玉般的色彩，格外迷人。

洪崖滴翠

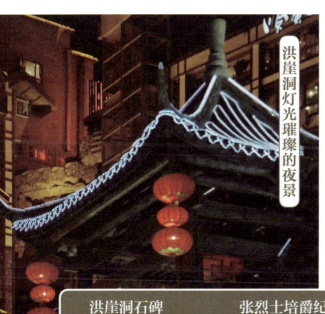

洪崖洞灯光璀璨的夜景

夜幕降临，洪崖洞灯火辉煌，依山而建的吊脚楼层层叠叠，在灯光的映照下，美轮美奂。

洪崖洞石碑　　张烈士培爵纪念碑

丰碑与铜雕

洪崖洞第十一层有一块石碑，石碑修筑于 1945 年，是为纪念辛亥革命英烈张培爵而建。

这座碑就是辛亥丰碑，洪崖洞的标志性景观之一。距离丰碑不远，还有一座高 12 米多的大型铜雕"记忆山城"。雕塑整体呈现抽象的"山"字，寓意"山城"重庆，大气磅礴。

磁器口
白日千帆过，入夜万点明

一千多年的岁月洗礼，三山（凤凰山、马鞍山、金碧山）望两溪（凤凰溪、清水溪）的独特地理风貌融汇交织，共同构筑出了独属于磁器口的盛世风华。

一条石板路，千年磁器口。坐落于重庆沙坪坝区嘉陵江畔的磁器口古镇，自古便有"巴渝第一古镇"的美称。

研学地点
磁器口

研学关键词
磁器口、码头、"小重庆"、"三多"

研学目标
游览磁器口古镇，了解古镇的地理位置、历史沿革、特色风景

研学思考
磁器口有哪"三多"和哪"三宝"？

山城"小重庆"

磁器口古镇始建于北宋真宗年间，原本叫白崖场，古朴玲珑，算不上繁华。清朝初期，随着重庆水运的发展与码头商贸的勃兴，坐山面河、港深水平的古镇才慢慢百业汇聚，愈加繁荣。

到了乾隆中期，镇上陶瓷业渐渐发展起来，各种各样的瓷器以古镇为"转运口岸"，流向四面八方，朝廷才正式发布告示改镇名为磁器镇。磁器口之名自此不胫而走。

磁器口古镇南门牌坊

磁器口古镇曾被誉为"小重庆"。白日里千帆翔集、船只如云；夜晚，万盏明灯闪耀江面。那种扑面而来的热闹与烟火气，至今仍让人们追忆不已。

磁器口"三多"
历史相册中的鲜活记忆

磁器口古镇不算太大，街巷纵横，每一条街都由青砖铺就，加上沿街一栋栋极具明清风格的建筑，可谓古意十足。这份古意，不是仿古，而是真真正正的底蕴折射，沧桑而有韵味。

重庆人闲暇时，喜欢到磁器口忆旧、怀远、唱叹过去的岁月和时光。那些旧日的记忆，在庙宇、茶馆、名人往事中显得格外鲜活。

古香古色的磁器口后街

磁器口有"三多"：庙多、茶馆多、名人多。

◎ 庙多

磁器口自古就有"九宫十八庙"之说，寺庙观宇云集，穿行在古镇街巷中，不经意间就能邂逅曾经的宝刹。这里有黄瓦重檐、斗拱翘角、古朴庄重、极负盛名的宝轮寺，有充满了仙风道韵的文昌宫等。但大多数庙宇已经湮灭在历史长河之中，现今只保存一些残垣断壁。

宝轮寺塔静静地矗立在夜色中，暖黄的灯光勾勒出塔身轮廓，古朴又神秘。

宝轮寺塔

研学新知

◎ 茶馆多

街头巷尾、次第林立的各色茶馆是磁器口古镇的又一特色。

重庆人爱喝茶，也爱光顾茶馆。午后，三五好友坐在茶馆的小桌旁，一边小口品茶，一边欣赏川剧、看变脸表演，兴致来了，几个人凑在一起摆摆龙门阵，生活得非常惬意。

古镇茶馆

◎ 名人足迹多

在过去的岁月中，和磁器口结下过不解之缘的名流雅士不知凡几。相传，明朝建文帝曾在此剃发隐居，四川总督刘湘曾在此督导炼钢，丁肇中、徐悲鸿、丰子恺、韩子栋等也在此留下过足迹。这些跨越时空的文化碰撞，最终孕育出独具特色的"沙磁文化"。

磁器口的美食"三宝"

磁器口不仅有"三多"，还有美食"三宝"，它们分别是毛血旺、千张皮和椒盐花生。毛血旺是重庆最地道的江湖菜，汤红味浓，麻辣鲜香，堪称一绝。千张皮并不是真的毛皮，而是豆皮。经古法滤煮，加上肉下锅烩炒，最是美味。椒盐花生是将上好的红皮花生用盐水浸泡后晒干炒制而成的，咸香酥脆，一口咬下满是巴渝风味。

朝天门
巴渝千帆渡

邂逅重庆，如果错过了朝天门，终归是一种遗憾。朝天门是重庆的文化地标之一，坐落于渝中区渝中半岛嘉陵江与长江的交汇处。日日川流，车船灯影。来这里既能追忆怀旧，又能俯瞰江景，是个不错的去处。

研学地点

朝天门

研学关键词

古渝雄关、朝天门、码头、黄金水道

研学目标

游览重庆朝天门码头，了解朝天门的历史过往

研学拓展

朝天门的重要地位

研学思考

朝天门的名字因何而来？

古渝雄关

自两千多年前秦将张仪率铁骑灭亡巴国在重庆建城以来，位处两江交汇之地的朝天门，就成了古代巴渝官员们迎接圣旨、圣谕的重要场所。

经秦历唐，辗转宋元直至明清，随着重庆的历史变迁，朝天门也几经兴衰。明朝洪武初年，时任重庆指挥使的戴鼎扩建重庆旧城，朝天门也得换新颜，成为名副其实的"古渝雄关"。1891年，重庆正式开埠后，朝天门繁盛一时。

重庆中国三峡博物馆展出的重庆朝天门码头老照片

朝天门码头

朝天门码头今昔对比

朝天门码头两江汇流处

嘉陵江水和长江水在此碰撞，一绿一黄，一清一浊，泾渭分明，蔚为壮丽

黄金水岸，重庆最大的水路客运码头

作为重庆最重要的交通枢纽之一，长江上游的黄金水岸，朝天门的热闹与繁华不知承载了多少重庆人的记忆。

1949年，一场重大的火灾使朝天门化为一片废墟，仅存城基墙垣。如今，朝天门涅槃重生，成为重庆最大的水路客运码头。码头上，每天都有无数客船、货船穿梭往返；江上，还有缆车索道凌空飞渡。繁华热闹的景象丝毫不减当年。

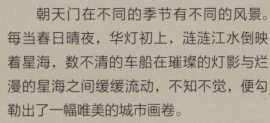

朝天门在不同的季节有不同的风景。每当春日晴夜，华灯初上，涟涟江水倒映着星海，数不清的车船在璀璨的灯影与烂漫的星海之间缓缓流动，不知不觉，便勾勒出了一幅唯美的城市画卷。

初夏或者仲秋，伫立江边，还能看到两江汇流的"鸳鸯锅"奇观，长江水和嘉陵江水黄绿各占一边，泾渭分明。

"鸳鸯锅"奇观

重庆著名的城门，其中，规模最宏大的就是朝天门。

一座门，一段故事；一声号，一场悲欢。

重庆历史名人馆

在朝天门广场附近，有一座面积不大但充满了文化气息的展馆——重庆历史名人馆。

名人馆内，通过雕塑、影音虚拟、文献等方式，展现了 500 多位出生于重庆或者与重庆有着不解渊源的历史名人，如战国时期刎首保城的巴蔓子将军、秦始皇颇为赏识的女实业家巴寡妇清、三国时期蜀汉重臣董允等。透过这些人物，我们能看到重庆的历史变迁与风云变幻。

巴寡妇清像

研学新知

出现"鸳鸯锅"奇观的原因

嘉陵江水比较清澈偏绿色，长江水含沙较多呈黄色，两江交汇时就会形成一道水文分界线。这与两条江的流速、泥沙含量不同，碰撞时产生的涡旋和阻力有关。据考证，重庆的山地地形让两江携带的泥沙成分差异越来越大。

濯水古镇
风雨廊桥悬天光

在重庆市黔江区东南角，澄明清澈的阿蓬江畔，有一座古朴雅致、秀美如画的非遗旅游小镇——濯水古镇。这里春有莺柳，夏绽红荷，秋有彩叶，冬氤梅香，苍古中带着几分自然天成的美。

濯水古镇街道　古镇街道

千年风致，文化荟萃

西南地区的千年古镇有很多，但如濯水古镇这般将华夏文明、巴楚文化、土家文化、场镇文化、码头文化和商贾文化完美融汇到一起的却极少。

濯水古镇处处都弥散着历史的尘烟，沿着青石小道一路向前，仿佛步入了青瓦灰墙雕琢出的旧时光。吊脚楼群无声见证着濯水土家族的盛荣；光顺号大院、余氏八贤堂、烟房钱庄等老字号商铺的屹立与传承，向世人宣告了濯水古镇曾经是川渝地区重要的商贸集散地和驿站。

濯水古镇楼阁错落、街巷纵横，繁华中透着浓浓的烟火气。

研学地点
濯水古镇

研学关键词
非遗小镇、土家族、古雅、风雨桥

研学目标
游览濯水古镇，了解古镇的历史、布局、建筑特色

研学拓展
古镇风俗节日

研学思考
濯水古镇为什么能成为曾经的商贸重镇？

"土"色生香，
亚洲第一风雨廊桥

阿蓬江是土家族的母亲河，作为阿蓬江畔的明珠，濯水古镇向来"土"味浓郁，"土"色生香。

在古镇街头常常能看到穿着土家族服饰的人们，如果赶上土家摸秋节、女儿节，镇上更是格外热闹。另外，古镇之中，还有一座长658米、荣膺"亚洲第一"的土家风雨廊桥。廊桥分外桥、亭、塔三部分，仿佛一弯彩虹横跨在阿蓬江上。

濯水风雨廊桥

街头巷尾，古建旧时光

循着蜿蜒的阿蓬江漫步向前，最先看到的就是条石垒砌的河堤上那一片宏大又古朴的土家吊脚楼群。这些吊脚楼最年轻的也有 200 岁了，却依旧保存得很好。飞檐翘角的吊脚楼古色古香，纯木的结构，配上精美的雕花木窗，极富韵味。

穿过吊脚楼群继续向前，还能邂逅不少颇有濯水特色的古建筑。

濯水古镇吊脚楼

吊脚楼

◎ 余氏八贤堂

余氏八贤堂是典型的清式徽派民居建筑，原为乾隆年间的进士宅第。青砖黛瓦马头墙，古色古香。

◎ 光顺号大院

光顺号是明清时期濯水古镇最负盛名的商号，光顺号大院为三进院落，青瓦青砖，花木和亭阁间错落分布着各种木雕、石雕装饰，栩栩如生，非常漂亮。

◎ 万天宫

万天宫又称江浙会馆，是一片兼具江浙和川渝风情的建筑群，正殿、万天阁、议事厅等各具特色。大殿中供奉着万天川主崇应惠民大帝李冰。

万天宫

研学新知

土家族的"中秋节"怎么过？

土家族的中秋节叫"摸秋节"。每年农历八月十五，土家族人就会换上盛装，三五成群地结伴摸秋——到田间地头、街头巷尾去寻找各种已经成熟、丰收的瓜果，找到之后可以自己留着做纪念，也可以送给亲朋好友。除了摸瓜果，摸秋节这天，土家族家家户户还会摆宴席、送糍粑。

跨山越海 重庆桥

在中国广袤的国土上，拥有星罗棋布、横跨江河湖川的桥梁的城市有好几个，如苏州、武汉、南京、广州等，但被誉为中国"桥都"的却只有一个，那就是重庆。

山峦纵列、江峡相偎的独特地理环境，为重庆魔幻立体的"桥"交通埋下了伏笔。在重庆，山水多环绕，无桥不通路。桥，早就成了融入重庆骨血中的峥嵘符号。

跨山越海，中国"桥都"

2005年，茅以升桥梁委员会经过多层遴选，最终在诸多候选城市中选择了得天独厚的重庆为"桥都"。

作为官方唯一认证的"桥都"，重庆不仅有20000多座桥，而且桥的建造规模、技术水平和多样化程度也首屈一指。在重庆，仅创造了世界桥梁记录的桥，就多达17座，其他跨山越海、穿楼过城、被誉为桥梁界明星的桥更是数不胜数。

朝天门长江大桥

朝天门长江大桥，位于朝天门码头下游的溉澜溪青草坪上。全长1741米，主跨552米，是目前世界上桥梁跨径最大的钢桁拱桥，素有"世界第一拱"之誉。大桥采用公轨设计，双层桥面，上层为公路桥，下层是轻轨桥加道桥，是重庆的城市新地标之一。

千厮门嘉陵江大桥 QIANSIMEN

横跨嘉陵江江面的千厮门嘉陵江大桥，主跨312米，是世界上跨径最大的单塔单索面斜拉桥。大桥桥身纤秀，和谐流畅，远远看去，仿佛一把织女的梭子，每逢夜幕，就织出漫天华彩。此外，千厮门嘉陵江大桥还因毗邻洪崖洞，成为重庆的打卡胜地。

重庆长江大桥于 1981 年通车，在重庆桥梁圈算得上是"老前辈"了。它朴实无华，却极有气势，原主跨 174 米，后有所增大。多年来一直如一弯钢铁彩虹般横跨在长江江面上，见证着江畔无尽的繁华。

重庆长江大桥 CHANGJIANG

CHAOTIANMEN

黄桷湾立交桥 HUANGJUEWAN

黄桷湾立交桥是重庆规模最大、最复杂的立交桥，共有 5 层，从地面到最高点为 37 米。20 条匝道纵横交错，远远看去，就像是一条条盘卧的巨龙。驾车到了这里，一不留神，就会迷失方向。如果想一睹它的全貌，可以去附近的黄桷湾公园，感受它的恢宏气势。

鹅公岩轨道专用桥位于鹅公岩公路大桥的上游，跨越长江，主跨 600 米，是世界最大跨度自锚式悬索桥。它也是重庆大桥界的"技术担当"，"先斜拉，后悬索"的建设技术为国内首创。

鹅公岩轨道专用桥 EGONGYAN

长江大桥 白居寺 BAIJUSI

白居寺长江大桥是一座造型颇为奇特的桥梁。桥上两座水滴状的桥塔，在灯火璀璨、有薄雾笼罩的夜晚，远远看去就仿佛两扇"星际穿越"门，充满了科幻感。似乎只要从"门"内穿过，就能进入茫茫宇宙，拥抱星辰大海。

- ◎ 万州长江大桥：世界最大跨径钢筋混凝土拱桥。
- ◎ 鱼洞长江大桥：世界最大跨度公轨两用连续刚构桥。
- ◎ 北碚朝阳桥：世界最大跨度的双链钢混结合加劲梁悬索桥。
- ◎ 菜园坝长江大桥：世界最大跨度的公轨两用提篮拱桥。

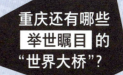

重庆还有哪些**举世瞩目**的"世界大桥"?

石宝寨
人间天上，古建奇葩

在重庆的东北，素有"半城山水满城橘"之称的岛城忠县，有一座颇具文化底蕴的寨子——石宝寨。它是世界八大奇异建筑之一，虽然面积不大，但凭着独树一帜的建筑风格和巧夺天工的建筑技法引得无数人惊叹。

研学地点
石宝寨

研学关键词
石宝寨、古建、江上盆景、小蓬莱

研学目标
游览石宝寨，了解石宝寨的地理位置、历史人文、建筑风格和特色景观

研学思考
石宝寨名称的由来是什么？世界奇异建筑有哪些？

遗落人间的 ▶ "石宝"

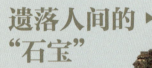

石宝寨是一处江上景观，地处三峡库区的腹心，站在江畔，遥遥远望，可见一块巨石如孤峰般耸峙江中，四壁如削，方方正正，仿似天然的印玺。

传说，这块巨石乃是女娲娘娘炼石补天时遗落的五彩石，所以得名"石宝"。明朝末年，一个叫谭宏的农民起义军首领在此安营扎寨，揭竿起义，于是就有了"石宝寨"之名。

天下第一盆景

早年间，石宝寨就仿佛深山桃源，不为人知；三峡百万移民后，忠县被淹没过半，曾经孤峰兀立的石宝寨也摇身一变，成了悬于江心的"人间仙境"。

整个寨子四面环水，潋滟烟波，唯有一条长长的悬索桥与陆地相连。春夏时节，泛舟江上，极目眺望，整个石宝寨就仿佛一个绿意葱茏的大盆景，"世界上独具魅力的江中盆景"之誉可谓实至名归。

石宝寨的"重生之旅"

石宝寨这座始建于明代的"江上明珠"，曾因三峡工程迎来惊心动魄的"重生之旅"。2005年，随着长江水位的抬升，文物保护专家为石宝寨设计了一道高50多米的巨型围堤，使其成为世界首个"江中盆景"，也让石宝寨从一个山寨变成了水寨。一年之中，随着长江水位的升降，石宝寨在孤岛和半岛之间来回切换，随着四季的更迭，石宝寨风景各异。

飞云览胜处，木构贯长虹

顺着悬索桥，一路向前，穿过条石堆砌的围堰和寓意"登高必自卑"的"必自卑"牌坊，就到了石宝寨的寨门前。

寨门高六米有余、翘角飞檐、金红溢彩、雕梁画栋，高大而有气势。寨门后就是石宝寨塔楼。整个塔楼，通体呈朱红色，全木建造，是中国目前层数最多、体积最大的穿斗式木结构建筑，卯榫相合，不见一颗钉子。相传是匠人观雄鹰盘旋后灵感偶发而建造。沿着楼内的木梯拾级而上，仿佛漫步云端，层层登绝顶，风光多旖旎。每一层石壁上都有历代流传下来的石刻、画像和题诗，凭窗可远眺长江。每一层从不同的角度都能看到不同的风景。

石宝寨塔楼

江中盆景石宝寨

从远处眺望，石宝寨的孤峰拔地而起，如江中盆景精致奇秀，尽显古韵风姿。

数读石宝寨塔楼

石宝寨塔楼已经栉风沐雨
400多年
共**12**层

塔楼高
56米
下宽上窄，层层收缩

丰都鬼城
历史深处的"幽冥画卷"

彼岸花开奈何上，幽冥有路鬼城开。地处四川盆地东南缘、素有"幽都"之称的古城丰都向来神秘莫测。邂逅重庆，不去丰都逛逛，感受下丰都诡异又多彩的鬼神文化，未免遗憾。

研学地点
丰都鬼城

研学关键词
丰都、鬼城、名山

研学目标
了解丰都鬼城的历史沿革和鬼神文化

研学拓展
丰都民间艺术、美食

研学思考
丰都鬼城是如何孕育出独特的鬼神文化的？

从谬误中诞生的神话体系

春秋时期，丰都曾是巴国的别都，繁华热闹。后来，巴国湮没于历史，丰都也渐渐泯然无闻；直到东汉年间，才重新置县。相传，道家有两位真人阴长生、王方平曾在丰都的名山中得道飞升。丰都也因此一跃成为道家"洞天福地"之一。

后来，曾经的故事在一代代人的口口相传中出现谬误，两位真人的姓氏"阴"和"王"被连缀在一起成为"阴王"，更有文人牵强附会，将"阴王"解释为"阴间之王"。于是，误打误撞之下，丰都慢慢变成了"阴王"所居之地。丰都"鬼城"之名也不胫而走，闻名至今。

《西游记》《聊斋志异》等中国古典神话小说对丰都的形象有很多描绘。

青瓦错落，古建成群，似一幅神秘的历史长卷在山水间铺陈，诉说着鬼城的传奇

俯瞰丰都鬼城

"阴世"探秘

作为"鬼城"，丰都独具特色的神鬼文化和阴世文化代代传承，不知影响了多少人。

丰都的"阴曹地府""地狱冥司"全都在名山上。

名山海拔不高，只有287米，山上伫立着许多与幽冥相关的亭台、殿宇，俨然"阴间盛世"。

◎ 天子殿

天子殿是"鬼城"年代久远、保存较为完好的一处殿宇。这里重檐歇山，灰瓦红柱，庄严肃穆，里面供奉的是传说中的"阴天子"。

◎ 奈何桥

奈何桥始建于明代，是一座充满了沧桑气息的长桥，桥下有著名的"血河池"。传说，人死后都要走过奈何桥，喝了孟婆汤才能忘却前世，重新投胎转世。

现实中的丰都当然没有孟婆汤，却有黑乎乎、稠腻腻的油醪糟可以品尝。

◎ 鬼门关

鬼门关为古式楼亭，四角飞檐，两侧有石狮与鬼卒雕像。鬼门关是"阴世"的门户，幽邃而神秘。

◎ 哼哈祠

哼哈祠是名山上规模较大的一座庙宇，黄墙红柱，彩绘雕梁。庙里供奉着古典名著《封神演义》中大放异彩的哼哈二将。

天子殿

鬼门关

哼哈祠

绿树浓荫有鹿鸣

漫游过"阴世"后，跨过一座横跨两山之间的铁索廊桥"阴阳桥"，就能从名山到达与"阴世"对应的"阳间"双桂山。

双桂山比名山略高，飞瀑流泉，绿树葱茏，风光明媚。山中不仅有大气磅礴、壮观雄浑的鹿鸣寺，还有充满了书香气息的孔庙，以及典雅的苏公祠，琳琅之间，自见风华。

阴阳桥

研学拓展

丰都的"中国民间艺术一绝"是什么？

在丰都，素有"中国民间艺术一绝"之称的技艺是瓢画。

鬼城瓢画是丰都鬼文化在生活中的鲜活具现。瓢画艺人们巧妙利用木瓢上的天然纹理，辅以绚丽的色彩和线条，勾勒出了一张张夸张又神秘的鬼脸。相传，将瓢画鬼脸挂在家中能够保佑风调雨顺，十分神奇。

课本里的山水重庆

缙云山
缙岭生云霞

巴渝自古形胜处，缙岭悠悠聚云霞。

7000万年前，浩大的"燕山运动"在川东广袤的大地上造就了一座独特的"背斜"式山岭；7000万年后，这座雄踞嘉陵江温塘峡畔的山岭，凭着缥缈绚丽的云霞、悠久厚重的历史、独树一帜的佛教文化，一跃成为巴渝不容忽视的新地标。这座山岭，名叫缙云山。

缙云山——植物基因库

朝霞暮云恋雨雾

缙云山，原名巴山，海拔1030米，斑斓多姿，素有"川东小峨眉"之称。

受独特的地质地貌环境影响，缙云山中常年云雾缭绕。雨后清晨，红日初升，漫天云霞染彩，映着滚滚云海，绚烂斑斓，蔚为大观；晴日傍晚，夕阳映着云瀑，如梦似幻，更别有几分壮丽。

研学地点
缙云山

研学关键词
缙云山、云霞、九峰、植物基因库

研学目标
游览缙云山，了解缙云山的地理位置、植物资源和独特风景

课堂链接
语文教材七年级上册：李商隐《夜雨寄北》

研学思考
缙云山云瀑的形成与地形、气候有何关联？

> **教材节选**
>
> 夜雨寄北
> 〔唐〕李商隐
> 君问归期未有期，
> 巴山夜雨涨秋池。
> 何当共剪西窗烛，
> 却话巴山夜雨时。

每到夏秋，入夜之后，缙云山中常常会积云落雨，雨水或淅沥、或绵密、或磅礴，打残荷、润金菊、涨秋池，裹着思恋，伴着黄绿，俨然一景；及至岁寒，北风呼啸，漫天云海便散作了山间浓浓的雾气，铺满溪池，蔓延峡壑，置身其间，一如仙境。

数读缙云山 ↘

植物有近 **2000** 种

其中以"缙云"命名的就有 **38** 种

如**缙云械、缙云卫矛、缙云八角、缙云冬青、缙云瑞香**等

拥有高等植物 **192** 科 **1600** 余种

亚热带植物基因库

缙云山是嘉陵江畔唯一一个亚热带天然森林公园，山中错落分布着许多只有亚热带才有的植物，是名副其实的亚热带植物基因库。

山上林林总总的树木中，俗名"飞蛾树"的缙云械最具特色。夏日，满树金黄，花开朵朵；秋日，果实初结，形状奇特，生有"双翅"，酷似飞蛾。

九峰横亘，古寺偎竹海

缙云山，纵横有九峰，它们形态各异。

海拔1050米的玉尖峰是缙云九峰中最高的，伫立山巅，可观云海、看日出、望晚霞，蔚然成趣。狮子峰远眺如雄狮横卧、巍然壮观，峰顶怪

缙云寺

缙云山云瀑

瞬息万变，在峰林间缭绕，尽显自然的磅礴伟力。

云瀑仿若梦幻奇景，洁白云雾如天河倾泻，沿山势奔涌，

石嶙峋，奇秀壮丽，还有一双相传是真武祖师留下的"大脚印"。聚云峰四季有浓云，是观云的绝佳之处。在狮子峰和聚云峰之间，屹立着始建于南宋的千年古刹缙云寺，寺中古迹斑驳，晚钟禅唱，颇具佛韵。猿啸峰峰高林密，因峰中时常能听到猿猴的吟啸之声而得名。每当金乌西斜，夕照峰如沐金彩，美轮美奂。相距不远的白云竹海，翠竹婆娑，万叶染彩，摇曳生辉。

研学新知

缙云山名字的由来

缙云山之名源自其瑰丽奇幻的霞光云海奇观。清晨或傍晚，山间云雾在光照下呈现出五彩缤纷的奇幻色彩，古人称"赤多白少"为缙，故得此名。

竹林

长江三峡
壮丽唯美的山水画廊

研学地点
长江三峡

研学关键词
三峡、山水画廊、自然风光

研学目标
纵览三峡的秀美风光，了解三峡的地理位置、历史人文

课堂链接
语文教材八年级上册：郦道元《三峡》

渔歌唱晚夕照里，三峡雾里应涛声。

相逢重庆，怎能不去三峡看看？

岁月倏忽逝，江水照流年。自古而今，三峡都是长江美丽的注脚。历朝历代的文人墨客对其吟咏不断，留下无数佳篇。

三峡，长江的珠冠

长江三峡，是长江上游巫峡、瞿塘峡、西陵峡三大峡谷的总称，素有"长江的珠冠"之誉，风光壮美，险秀雄奇。

从重庆奉节的白帝城一路向东，直到湖北宜昌的南津关，两岸连山，重峦蔽日，千姿百态的峰峦与或湍急、或雄浑、或缓流的江水相映，再加上历经沧桑岁月的远古遗址、三国旧迹，共同勾勒出一条绵延数百米、底蕴厚重的山水画廊。

教材节选

每至晴初霜旦，林寒涧肃，常有高猿长啸，属引凄异，空谷传响，哀转久绝。故渔者歌曰："巴东三峡巫峡长，猿鸣三声泪沾裳。"

大美长江三峡游轮

幽秀名四海：巫峡　三峡七百里，唯言巫峡长。　▶▶ ▶▶

巫峡山脊 ◀

巫峡，又名大峡，西起重庆巫山大宁河口，东到湖北巴东官渡口，东西纵横有 46 千米，是长江三峡中最长、最整齐的一段峡谷。

峡谷迂回蜿蜒、曲折深杳，以风光幽秀闻名四海。乘一叶扁舟顺流向东，无须细看，便能见奇峰兀立、古柏藤萝、嶙峋怪石、如雪飞瀑，在落日的映照下美不胜收。

巫峡大致可分为东西两段。东段有两个峡谷：分别是铁棺峡和门扇峡。西段也有两个峡谷：分别是金盔银甲峡和箭穿峡。

研学拓展

◎ 铁棺峡

铁棺峡，峡如其名，因为峡谷两侧的山崖悬壁上错落分布着黑色悬棺而闻名，充满了神秘气息。

◎ 门扇峡

门扇峡，长约2500米，位处巫峡东段，峡谷南北两侧有大面山和尖子山两座高山如大门般隔江对峙。山下链子溪素湍绿影、栈道如虹，顺溪遥望，奇石玲珑，翠氲山岚，风光旖旎。

◎ 箭穿峡

从箭穿峡峡口北望，遥遥可见巫山十二峰之一的朝云峰。朝云峰下有一座山梁，山梁上部有个横贯山体的孔洞，相传是西楚霸王项羽昔年与人比武时一箭射穿而成。

夔门天下雄：瞿塘峡

瞿塘峡，别名夔峡，在巫峡西侧，自奉节的白帝城到巫山县大溪镇，蜿蜒约8000米，群峰耸峙、长河咆哮，以雄壮著称，素有"夔门天下雄"之誉。

在三峡中，瞿塘峡最短，风光也最壮丽。"案与天关接，舟从地窟行"的千古绝句，生动地描绘了其磅礴气势。船行峡中，可见峰峦如霄汉、云天连一线、江湍惊细雪，风光无限。峡谷两侧，更有古迹、城阙，引人入胜。

◎ 夔门

夔门位于瞿塘峡西侧入口处，南北两岸有高山耸峙，直入云端。两山夹峙，扼江锁潮，如一座天然的门户，傲然雄踞，素有"夔门天下雄"之誉，盛名不虚。

组成夔门的两座山，南侧的山岩白若雪，挺秀峻拔，名为白盐山；北侧的山石红若火，妖娆妩媚，名为赤甲山。两山红白相映成趣，实为奇景。

瞿塘峡夔门风光

西陵山水天下佳：西陵峡

西陵峡，古称巴峡，在巫峡东侧，西起湖北秭归香溪口，东至湖北宜昌南津关。西陵峡两侧巉岩嶙峋，古木葱翠，峡湾染彩，风景最是秀美，难怪古人曾盛赞"西陵山水天下佳"。西陵峡内峡湾众多，沿岸古迹星罗棋布，盛景处处。

跟着诗人游长江

长江一万里，吟诵数千年。

循着历史的波涛，撑一支长篙，在岁月更深处漫溯。过先秦，经隋唐，走宋元，追随历代诗人的脚步，以一种别开生面的方式畅游长江。看长江边的那人、那城、那山、那水，无论何时都是件极浪漫的事。

奉节

FENGJIE

江上漫流年，最美在诗城。以诗寻史，随江起韵，怎能错过奉节？

位处重庆东北的奉节，自古就是川渝名埠，西周年间曾是古鱼复国的都城，后几经兴废，唐时正式更名为奉节。奉节是个山水形胜的地方，令人流连。

李白

屈原

宿巫山下
〔唐〕李白

昨夜巫山下，猿声梦里长。
桃花飞绿水，三月下瞿塘。

离骚（节选）
〔战国〕屈原

路曼曼其修远兮，吾将上下而求索。

秭归

ZIGUI

从奉节顺流向东，一路波澜，过三峡，不知不觉便到了秭归。

秭归是先秦旧地，屈原的故乡，其名由来，据《水经注》载："屈原有贤姊，闻原放逐，亦来归，因名曰姊归"，后演为"秭归"。

昔年，满腔热血的屈原因"信而见疑，忠而被谤"，悲愤之下，挥毫写就了惊艳古今的《离骚》。如今，秭归县内的屈原祠、屈原故里等地仍能看到相关的遗迹。

武汉 WUHAN

武汉，别名江城，是中国历史名城，长江上的明珠，城内江河纵横、古迹众多。晨昏午后，登上黄鹤楼，隔空与唐代大诗人崔颢对话，在时光的缝隙里看诗人笔下的风景，更别有几分逸趣。

黄鹤楼
〔唐〕崔颢

昔人已乘黄鹤去，此地空余黄鹤楼。
黄鹤一去不复返，白云千载空悠悠。
晴川历历汉阳树，芳草萋萋鹦鹉洲。
日暮乡关何处是？烟波江上使人愁。

滕王阁
〔唐〕王勃

滕王高阁临江渚，佩玉鸣鸾罢歌舞。
画栋朝飞南浦云，珠帘暮卷西山雨。
闲云潭影日悠悠，物换星移几度秋。
阁中帝子今何在？槛外长江空自流。

南昌 NANCHANG

南昌，古称豫章、洪州，是传承千载的名埠，也是充满了红色情怀的英雄城。伫立千年的滕王阁，正如诗人王勃笔下所描绘的那般，层峦叠翠，飞阁流丹，风华正好。

杭州 HANGZHOU

北宋时期，大文豪苏轼凭一首《饮湖上初晴后雨》唱响了西湖，也让本就盛名遐迩的杭州名声大噪。

饮湖上初晴后雨
〔宋〕苏轼

水光潋滟晴方好，山色空蒙雨亦奇。
欲把西湖比西子，淡妆浓抹总相宜。

苏轼

张继

王勃

崔颢

枫桥夜泊
〔唐〕张继

月落乌啼霜满天，江枫渔火对愁眠。
姑苏城外寒山寺，夜半钟声到客船。

苏州 SUZHOU

苏州，古称姑苏，是江南人记忆中吴侬软语的旧时光代表。唐代诗人张继曾夜泊枫桥，见渔火江枫，看月落寒山，听古寺禅钟，在霜色中勾勒出了一幅唯美的夜泊图景。

白帝城
诗韵耀中华

在重庆奉节县东部，巍巍白帝山上有一座经岁月洗礼却风华依旧的小城。它曾寄寓过帝王雄图、见证过连天烽火，也曾眷眷于父子深情、君臣厚谊。它以秀色风光、悠悠古韵被无数文人骚客吟咏传唱。它的名字就是白帝城。

研学地点
白帝城

研学关键词
诗城、托孤、刘备、公孙述

研学目标
游览白帝城，了解白帝城的地理位置、历史沿革，以及与其有关的著名人物与传说故事

课堂链接
语文教材三年级上册：李白《早发白帝城》

研学思考
白帝托孤这个历史故事中的"孤"指的是谁？

白帝龙兴处，公孙有雄图

白帝城的历史大约可追溯到东汉初年。

彼时，刘汉皇室衰微，诸侯逐鹿，天下大乱。时任导江卒正的公孙述统率雄兵、割据益州，在瞿塘峡口筑新城，企图以益州为根基称霸西南，谋夺天下。

人间四月芳菲尽，
诗满江滩白帝城。

白帝庙大门

大门庄严肃穆，飞檐斗拱尽显古韵。踏入其中，便踏入那段波澜壮阔的三国岁月

教材节选
早发白帝城
〔唐〕李白
朝辞白帝彩云间，
千里江陵一日还。
两岸猿声啼不住，
轻舟已过万重山。

因为公孙述字子阳，所以新建的城池被命名为子阳城。东汉初年，公孙述自立，年号"龙兴"，国号"成家"，因其自称"白帝"，子阳城也随之更名为白帝城，繁盛一时。

可惜，称帝后只一年，公孙述便兵败被杀，曾经的皇图霸业也成了一场迷梦。

今日白帝城中的白帝庙就是后人为了纪念白帝公孙述所建。庙宇森森，红墙黛瓦，倒也十分气派。

托孤堂托孤场景雕塑

殷殷切切，刘备托孤

公孙述败亡后，白帝城几经沿革。三国时期，被蜀昭烈帝刘备率军占据，成为蜀汉王朝防备东吴入侵的军事重镇。

吴蜀夷陵之战后，刘备败逃白帝城，一病不起，临终之时，含泪将幼子"阿斗"和整个蜀汉江山都托付给丞相诸葛亮。

为守诺言，诸葛亮殚精竭虑、鞠躬尽瘁，最后逝于五丈原，成就一时佳话。白帝城也随着白帝托孤的故事而声名远扬。

研学新知

白帝托孤中的孤儿是谁？

刘备病亡白帝城之前，托付给诸葛亮的孤儿是他的儿子刘禅。

刘禅，字公嗣，小字阿斗，继承帝位时尚不足 17 岁，世称蜀后主。其妻子是猛将张飞的女儿。

刘禅继位初期，有丞相诸葛亮辅佐，政通人和，较为平顺。诸葛亮病逝五丈原后，刘禅独掌朝纲，宠幸佞臣，社会动乱频繁。263 年，魏国大军压境，刘禅率大臣们投降，受封安乐公，移居洛阳。

文人接踵，天下诗城

岁月辗转，千百年间，包括李白、杜甫、白居易、刘禹锡、范成大、苏轼、陆游等名家在内的无数诗人慕名而至，在白帝城中留下的诗歌不胜枚举。白帝城也因此一跃成为闻名天下的"诗城"。

被誉为"天下第一快诗"的《早发白帝城》与诗人李白一样盛名昭昭；有"古今七律第一"之称的《登高》不过是杜甫在夔州所作的数百首诗中的一首；被誉为"天下第一情诗"的《竹枝词》不仅成就了刘禹锡的赫赫文名，更演绎出了绚丽多姿的竹枝歌舞。

此外，白帝城东西两处碑林和白帝庙中还典藏着许多堪称完好的碑碣、字画，如《竹叶字碑》《三王碑》等。

《登高》碑刻

歌乐山烈士陵园
血与火的淬炼

在重庆沙坪坝区，依翠偎云的歌乐山下，有一座烈士陵园——歌乐山烈士陵园。几十年前，这里曾唱响过血与火之歌，见证过革命的炽烈与英魂的不朽。

研学地点

歌乐山烈士陵园

研学关键词

歌乐山、红岩魂、渣滓洞、白公馆

研学目标

瞻仰烈士陵园，了解革命历史，传承红岩精神

课堂链接

语文教材六年级下册：罗广斌 杨益言《狱中联欢》

研学思考

红岩精神对我们有哪些启示？

"一一·二七"大惨案

1949年11月27日是重庆历史上最黑暗的一天。这一天，国民党反动派在白公馆、渣滓洞、中美合作所、松林坡等地，大肆屠杀被关押的革命党人和爱国人士，制造了震惊全国的"一一·二七"大惨案。数百烈士遇难，只有《红岩》作者罗广斌、杨益言等少数幸存者逃脱。

烈士长歌，英雄不朽

陵园的前身是国民党军统特务机关在重庆的集中营和"中美特种技术合作所"，由红岩魂广场、烈士群雕、陈列总馆、渣滓洞、白公馆、死难烈士墓等多个单元组成。

数读歌乐山烈士陵园

歌乐山烈士陵园是重庆爱国主义教育基地

始建于 **1954** 年

占地约 **3.5** 平方千米

有大大小小的监狱遗址 **20** 余处

歌乐山烈士陵园

红岩魂广场是中国首个以红岩精神为主题的纪念广场。广场的瞻仰区陈列着一组用红色花岗岩雕琢的以"浩气长存"为主题的大型英雄群雕，还有烈士的诗文碑林，肃穆且庄严。广场的纪念区有18根镌刻着烈士遗言的立柱，有寓意"在烈火中永生"的浮雕"不朽"，还有邓小平同志亲自题写的"重庆歌乐山烈士陵园"纪念碑。

红岩魂广场

教材节选

最上边站着一个人，满脸兴奋的微笑，站得比集中营的高墙、电网更高，手里拿着一面红纸做的鲜艳的红旗，遥望着远处的云山。

白公馆

白公馆，原本是蜀地军阀白驹的"香山别墅"，其建筑风格典雅时尚。1939年，被国民党军统花费重金买下，改造成关押革命党人的监狱。爱国将领黄显声、中共党员宋绮云、"小萝卜头"和他的父母曾经都被关押在这里。

陈列总馆

陈列总馆中有各种揭露国民党反动派残酷镇压爱国军民的图片、文字和实物资料，如杨虎城将军殉难时戴的帽子、江竹筠烈士生前的手稿等。陈列馆内每年还会不定期地举办"红岩魂——白公馆、渣滓洞革命先烈斗争事迹"展览，提醒人们缅怀先烈、铭记历史、珍惜来之不易的和平时光。

渣滓洞内的各种刑具

渣滓洞

江竹筠遗书

这封遗书，字字凝血，承载着家国大爱，是英烈无悔的选择，饱含着江竹筠对革命的赤诚之情。

渣滓洞的前身是个出煤率极低的小煤窑，位于山中，十分隐蔽，1943年被国民党霸占，成为迫害革命党人的人间魔窟。《红岩》小说中"江姐"的原型江竹筠、"许云峰"的原型许建业和众多革命党人都在这里遭受过严酷的迫害。

研学拓展

小说《红岩》讲了一个什么样的故事？

《红岩》是一部革命题材的长篇小说，1961年定稿出版。它主要描述的是中华人民共和国成立之前，被囚禁在重庆歌乐山下渣滓洞和白公馆的革命党人江姐、许云峰等在狱中与国民党反动派进行顽强斗争的故事。红岩的"红"代表的是炽热的革命热情，"岩"则代表着岩石般坚定不可动摇的信仰与斗争精神。红岩精神值得我们所有人敬仰与学习。

博物古今*

白鹤梁水下博物馆
世界第一古代水文站

在古代巴国的旧邑，今日重庆市涪陵区，滔滔长江离岸近百米的地方，有一座约 1600 米长的天然巨型青色石梁，它的名字叫白鹤梁。后来，人们在白鹤梁原址上建立了世界上第一座水下博物馆。

世界第一古代水文站

↙ **数读白鹤梁水下博物馆**

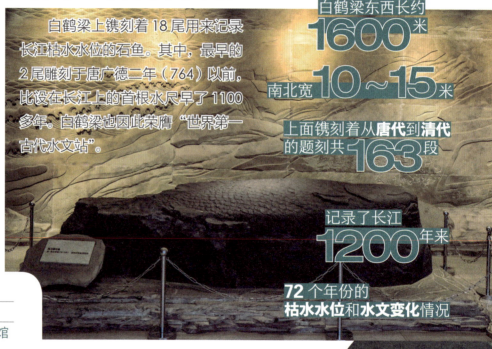

白鹤梁上镌刻着 18 尾用来记录长江枯水水位的石鱼。其中，最早的 2 尾雕刻于唐广德二年（764）以前，比设在长江上的首根水尺早了 1100 多年。白鹤梁也因此荣膺"世界第一古代水文站"。

白鹤梁东西长约
1600 米
南北宽 **10~15** 米

上面镌刻着从**唐代**到**清代**的题刻共 **163** 段

记录了长江 **1200** 年来

72 个年份的
枯水水位和**水文变化**情况

研学地点
白鹤梁水下博物馆

研学关键词
白鹤梁、石鱼、水文站、题刻

研学目标
参观白鹤梁水下博物馆，了解博物馆的历史，欣赏馆内的各种题刻

研学思考
世界上第一个古代水文站是哪里？

石鱼一出兆丰年

白鹤梁上的唐代石鱼是 2 尾鲤鱼，一雌一雄，口衔莲花莫草，悠闲自得。石鱼眼睛的高度与水运部门精确测绘的水位零点几乎一致，非常神奇。

受长江水位枯汛的影响，在三峡水库蓄水、白鹤梁被彻底淹没之前，每年只有在冬春枯水时节白鹤梁才会露出水面。先人们可以根据梁上石鱼的位置来判断长江枯水水位，调整种植策略，预言收成。

水下碑林

除了水文记录，白鹤梁的水下题刻中还有许多极富价值的名人诗赋、题铭、散文等。

题刻的书法包罗万象，隶书、草书、行书、楷书、篆书各具特色，颜体、黄体、苏体比比皆是，字体或遒劲挺秀、或柔婉飘逸，令人叹为观止，堪称水下世界一大奇观。其中，北宋名家黄庭坚的"元符庚辰涪翁来"题刻最著名。有了这些水下题刻，白鹤梁堪称"石刻档案宝库"。

透过观测窗口，我们便能清晰地看到水下题刻。

水文资料宝库

白鹤梁上现存 163 段题刻，其中有 108 段与水文相关，有的是极重要的水文观测记录。

题刻资料记录最早出现在唐朝，最晚在清朝，横跨多个朝代，历时约 1200 年，共记录了长江 72 个年份的水位情况，生动反映了重庆地区，甚至整个长江上游地区的水位变化规律，是不可多得的水文资料宝库。

黄庭坚在白鹤梁上的题字

白鹤梁传说画轴

研学拓展

古人是如何测量水位的？

中国古代，先人们习惯用水则来测量水位。水则，又名水志，形式材质不一，是用来标记水位的一种水尺。先秦时代，李冰负责修建都江堰，用的水则是三个屹立水中的巨大石人。唐宋之后，用来标记水位的水则大多都是石碑、石梁，如唐代的白鹤梁、宋代的平字碑。埃及古代测量水位用的则是罗尼尺。水则和罗尼尺都是世界大河流域的水文遗产，体现着古人的智慧。

重庆中国
三峡博物馆
器出大江

坐落于重庆市渝中区人民路的重庆中国三峡博物馆是重庆的城市地标之一，原名重庆博物馆。自 2005 年主馆建成开放以来，重庆中国三峡博物馆就以丰厚的历史、海量的文物、趣味的解说、多彩的陈列、独具巴渝特色的艺术文化，吸引了无数中外游客前来参观游览。

数读重庆中国三峡博物馆

研学地点
重庆中国三峡博物馆

研学关键词
西南名馆、三峡、说唱俑

研学目标
参观重庆中国三峡博物馆，了解博物馆的位置、历史以及经典馆藏

研学思考
你知道中国的四大名窑吗？

重庆中国三峡博物馆是**国家一级**博物馆

馆内典藏有文物 **11.5** 万余套 **28** 万余件

涵盖**三峡文物、汉代文物、巴渝青铜器、书画、瓷器**等 **23** 个品类

西南名馆，人文荟萃

重庆中国三峡博物馆的前身是建于 1951 年的西南博物院。1955 年，更名重庆博物馆。2000 年，随着三峡工程的推进，重新立项，成为重庆中国三峡博物馆。2005 年，正式对外开放。

重庆中国三峡博物馆是一座荟萃了巴渝文化、三峡文化、移民文化、抗战文化等多种西南特色文化的国家级综合性大型博物馆。博物馆由主馆、重庆宋庆龄纪念馆、重庆三峡文物科技保护基地、涂山窑遗址和重庆白鹤梁水下博物馆五大场馆构成，典藏文物众多，包罗万象。

重庆中国三峡博物馆占地面积约 50000 平方米，轩朗大气。

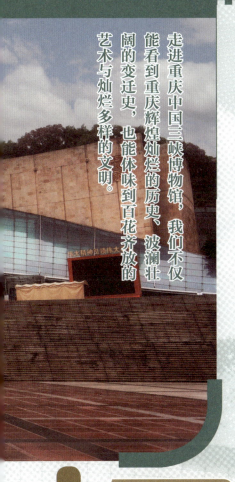

走进重庆中国三峡博物馆，我们不仅能看到重庆辉煌灿烂的历史、波澜壮阔的变迁史，也能体味到百花齐放的艺术与灿烂多样的文明。

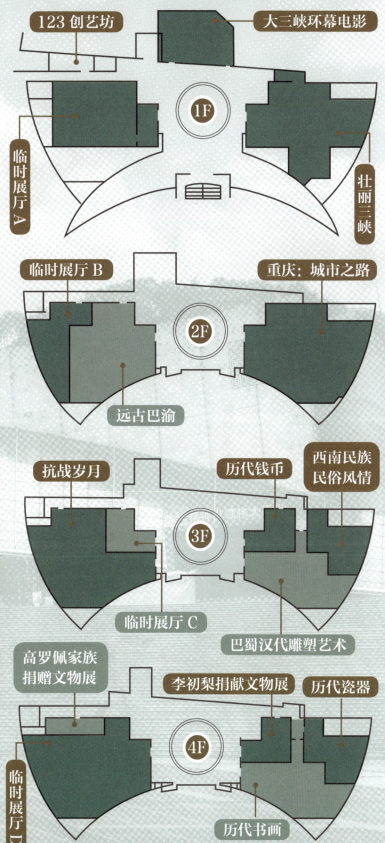

重庆中国三峡博物馆

1F "壮丽三峡"展示了三峡地区的自然风光、地质演变和历史文化等。

2F "重庆：城市之路"展现了山城重庆古今发展轨迹，以及重庆人的移民与抗战精神。

3F "巴蜀汉代雕塑艺术"展精选汉代石雕、陶塑等，展现了汉代巴蜀人的社会生活。

4F "历代瓷器"展汇聚各代精美瓷器，尽显重庆瓷器发展与古韵之美。

示意图

研学拓展

玺和印有什么区别？

秦朝之前，所有能代表官职、身份、姓名的印章都称为玺。秦灭六国、统一天下后，秦始皇为了彰显权力和尊荣，将玺和印做了区分：规定只有天子所用的印章才能称为玺，玺的材质多为玉质；贵族臣民们用的身份印章则称为印，材质不一。现存中国历代玺印数量众多，品类繁杂，大致涵盖了官印、私印、巴蜀文字印、收藏印、闲文印等。

镇馆珍藏 琳琅满目的

◎ 偏将军印章

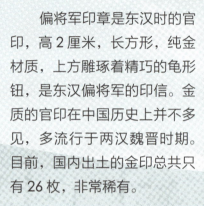

偏将军印章是东汉时的官印，高 2 厘米，长方形，纯金材质，上方雕琢着精巧的龟形钮，是东汉偏将军的印信。金质的官印在中国历史上并不多见，多流行于两汉魏晋时期。目前，国内出土的金印总共只有 26 枚，非常稀有。

◎ 东汉灰陶击鼓说唱俑

东汉灰陶击鼓说唱俑是重庆中国三峡博物馆的镇馆之宝。该俑头戴小帽，袒胸露腹，单手环抱圆形小鼓，半蹲在地，边说边笑，甚至都笑出了深深的皱纹。

重庆中国三峡博物馆内馆藏的各类文物有 28 万余件，涉及生活、艺术、工业、商业等各个领域，其中不乏镇馆珍品。

◎ 三羊尊

三羊尊是迄今为止巴人故地出土的最古老的一件大型青铜器。它铸造于商代，宽宽的喇叭口，颈部收束，折肩，腹部呈弧形。它的肩部有三只羊和三只鸟。三羊尊粗犷的铸造风格体现出浓郁的巴地特色，是巴人的自制重器。

何朝宗是谁？

何朝宗，号何来，是活跃于明朝嘉靖、万历年间的雕塑大师。他擅长瓷雕，是德化窑闻名遐迩的瓷雕大师，素有中国"宗教雕塑艺术第一人"之称。他的瓷雕融合百家，独具一格，精致而不流俗，少了三分神性，却多了七分人间烟火气。何朝宗的雕塑作品多是观音、罗汉、达摩等佛教人物。

◎ 何朝宗制观音像

这尊明代的白瓷观音立像，通体高 19.1 厘米，小巧玲珑，细腻光滑。匀净温润的象牙白釉微微泛着莹洁的亮色。观音脸型方正，眉眼柔和，双目微闭，右手扶膝，左手握着一柄如意，衣袂随风，看上去慈祥又庄严。

◎ 鸟形尊

出土于涪陵小田溪巴人贵族墓地的鸟形尊是一件造型非常精美的战国时代青铜器。

鸟形尊通体由青铜铸造，小巧玲珑，内部中空，质量极轻。鸟形尊雕琢雅致，有鱼一样的嘴巴，酷似兽类的短圆小耳朵，凤凰的羽冠，体形像鸽子，脚掌像鸭子，身上"长"着细细密密的青绿色羽毛，憨态可掬。

◎ "松石间意"琴

"松石间意"琴是北宋时代的名琴，通体黑色，漆面，桐木为面，梓木作底衬，金徽玉轸，琴胎为鹿角霜灰，非常精致。古琴琴身上有许多名人的题诗、题字，如苏轼、唐寅、文徵明等。

◎ 景云碑

景云碑出土于三峡库区，是迄今为止三峡地区出土的唯一一块汉代碑碣。

碑呈长方形，浅灰色，细砂岩质地，镌刻于东汉年间。碑身两侧镂雕有青龙、白虎纹饰，碑额中央是一幅栩栩如生的妇人倚门待归图像。碑正面用古朴雅致的隶书刻着 13 行碑文，碑文记述的是东汉朐忍县令景云的生平事迹。

列队击鼓

说唱俑全国大集结

列队，击鼓，嗨起来！

早在两千多年前的先秦时代，说唱艺术就已经在中国民间流行。说唱艺人们"击鼓传神韵，唱念有故事"，通过滑稽又夸张的表演生动演绎着市井万象，为无数人带去笑语。

说唱俑就是这些说唱艺人们跨越数千年在指尖上的重现。

古代的"喜剧人"

说唱俑大多出土于汉代，其原型是先秦两汉时期的专业"喜剧人"——俳优。

俳优，顾名思义，就是古代表演俳戏和滑稽戏，以滑稽夸张的说唱和表演来逗乐的人。

在古代，俳优的社会地位比较低。在右图▶▶所示的画作中，齐国和鲁国进行会谈，俳优们因献上滑稽表演而触怒孔子，最终被孔子要求处死。

说唱俑大集结

秦汉时代，看俳优表演就像是现在看小品、听相声一样，非常流行。

你笑起来**真好看！**

◎ 击鼓说唱俑

那么帅吗？

我真的有

◎ 东汉陶说唱俑

典藏于中国国家博物馆，素有"汉代第一俑"之称的东汉击鼓说唱俑，头戴布巾，臂饰璎珞，席地而坐。一手高举鼓槌，一手扶着腰鼓，表情夸张。谁见了，都会忍不住扬起嘴角。

这件1963年出土于郫县宋家林的东汉陶说唱俑现藏于四川博物院。陶俑塑造的说唱艺人身材矮胖，上身袒露，只穿一条肥大的长裤，双肩抖动，双腿错开弯曲，一手执鼓槌，一手执小鼓，似乎正要敲打鼓面，造型奇特。

《孔子·圣迹图》之夹谷会齐

《汉书·霍光传》中就有"击鼓歌吹作俳倡"的记载，《说文解字》里也说："俳，戏也。"两汉时期的俳优，多是身材矮小之人，他们演技高超，总能通过丰富而夸张的面部表情、肢体动作感染观众，是古代著名的"喜剧人"。

《史记》记载，秦二世胡亥就在宫中看过俳优戏。事实上，秦汉时期，不仅宫廷大内有俳优，一些贵族豪富之家也养着一些俳优，以供娱乐。而古代又有事死如事生的传统，生前享受过的排场、生活，逝后也要有。因此，在中国各地出土的古代墓葬中，尤其是两汉贵族墓葬中，都有说唱俑。林林总总算下来，怎么也能凑一个"俳优加强连"。

跟我一起跳 **减肥操** 一、二、三、四……

跟着我的节奏，滑动你的脚步！

无影腿 **接招！**

◎ 红陶说唱俑

◎ 东汉说唱俑

◎ 陶俳优俑

上海的震旦博物馆收藏的红陶说唱俑，矮矮胖胖的，身材略显臃肿，眯着双眼，歪嘴吐舌。他半蹲半坐于地，一手拿着鼓，一手扛着鼓槌，那样子仿佛是扛着刀的江湖豪客，滑稽又俏皮。

成都的新都博物馆收藏的东汉说唱俑，乍一看，和国家博物馆的击鼓说唱俑几乎一模一样。但仔细看会发现，东汉说唱俑头上的头巾翘起的弧度更大，脸型也更圆润，笑得也更滑稽、更有喜感。

现藏于成都博物馆的陶俳优俑身宽体胖，眉目和善，自带一股富态和乐的气息。他戴着方帽，两肩高耸，一手握拳，一手托着圆形扁鼓，张着嘴，哈哈大笑，不见一丝愁苦。

重庆自然博物馆
守护自然珍宝

在重庆市北碚区云霞缭绕、山光如画的缙云山麓，有一座占地 14.4 万平方米左右、呈"根包石"独特造型的建筑，远远望去，如树根在岩石上蜿蜒交错，绽放着蓬勃的生命力。它就是重庆博物馆界的元老、全国科普教育基地——重庆自然博物馆。

研学地点
重庆自然博物馆

研学关键词
恐龙、古生物、地球演化

研学目标
参观重庆自然博物馆，了解博物馆的馆藏

研学思考
重庆自然博物馆有什么历史和教育意义？

百年风雨绘华章

重庆自然博物馆的馆史可追溯到 1930 年，是由爱国实业家卢作孚先生出资建立的中国第一座民办科学院"中国西部科学院"。

抗战时期，重庆成为陪都，科学界大批一流人才和机构转移到北碚，加盟西部科学院。1943 年，西部科学院与植物研究所等多家机构合并，成立了中国人自己的第一家自然科学博物馆——中国西部博物馆。1997 年，几经周折后，中国西部博物馆更名为重庆自然博物馆。2015 年，新馆建成后，正式对外开放。

探索自然的无尽奥秘

重庆自然博物馆馆藏众多，有动植物标本、矿物标本、动植物化石等，涉及植物学、古生物学、岩石学等多个领域，对研究地球生物衍变、人与自然关系等有着极其重要的意义。

"动物星球"生物厅展区

目前，博物馆内设立了"恐龙世界""山水都市""生命激流""动物星球""地球奥秘""生态家园"六个基本陈列展厅，还有多个临时展厅，趣味性和知识性十足。漫步其间，可以看到各种馆藏珍品。

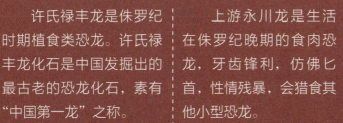

许氏禄丰龙是侏罗纪时期植食类恐龙。许氏禄丰龙化石是中国发掘出的最古老的恐龙化石，素有"中国第一龙"之称。

上游永川龙是生活在侏罗纪晚期的食肉恐龙，牙齿锋利，仿佛匕首，性情残暴，会猎食其他小型恐龙。

许氏禄丰龙化石

上游永川龙化石

多棘沱江龙化石

变形菊石群体

多棘沱江龙化石是发现于四川自贡地区的侏罗纪晚期恐龙化石。多棘沱江龙属于剑龙的一种，头部呈三角形，背部有两排竖起的骨板，牙齿小，体形庞大，爱吃植物的嫩叶。

白垩纪的变形菊石群体，产自摩洛哥。十几只大小不一的菊石高度集中，个头最大的直径约有40厘米，浑身长满了尖刺，主要用于保护自己不受到捕食者的攻击。

"恐龙"修复师

大自然是一处无尽的宝藏，神奇无比，有恐龙飞天、有剑齿虎咆哮、有神奇的"骨骼"沉淀成化石……让我们一起去挖掘隐藏在地表的化石遗迹，用自己的双手修复这些残破的化石吧！

修复三部曲：

第一步：挖掘

挖掘化石是个技术活儿，需要有十足的耐心和细心。我们可以在专家、老师的指导下，使用专业工具，对藏在泥土中的"化石"进行挖掘，掌握各种挖掘的小技巧。

第二步：探索

把"化石"挖掘出来后，要用小刷子、细布、专业清洗剂等对化石进行细致的清理。清理后，再根据参观游览时学到的知识，判断化石的种类、习性，深度探索远古恐龙的奥秘。

第三步：修复

确定修复方向后，试着用工具对恐龙化石进行初步修复。需要特别注意的是，修复的时候一定要小心，不要碰坏它！

重庆三峡移民纪念馆
百万移民的世纪史诗

　　坐落于重庆市万州区南滨路上的重庆三峡移民纪念馆是中国唯一一座为了纪念三峡移民工程而建造的专题性纪念馆。

　　纪念馆主体建筑呈灰色，造型别致，遥遥望去，仿佛是屹立在长江江滩上的棱角分明、巍峨嶙峋的巨石，让人过目不忘。

重庆三峡移民纪念馆

纪念馆

研学地点
重庆三峡移民纪念馆

研学关键词
移民、百万民众、三峡工程、伟大壮举

研学目标
参观重庆三峡移民纪念馆，了解纪念馆背后的故事和馆藏珍品

研学思考
三峡工程移民的意义和作用是什么？

该纪念馆现为**国家一级博物馆**

数读重庆三峡移民纪念馆

建筑面积 **15062** 平方米

展区面积 **7000** 平方米

馆内藏品 **3** 万余件（套）

舍小家为大家，三峡百万大移民

　　三峡水利枢纽工程，是我国有史以来规模最浩大的水利工程项目，利国利民，福泽后世。在三峡工程建设过程中，遇到的最大难题就是移民。三峡移民涉及鄂渝两地130多万人口，无论是移民规模还是移民难度都堪称世界之最。

生活在三峡库区的民众，为了国家大局舍弃了自己的小家，正是因为有了他们的爱国和奉献精神，才有了横跨长江两岸、气吞山河的三峡大坝。

伟大壮举，百艺蕴华彩

重庆三峡移民纪念馆内馆藏十分丰富，包括古生物化石、青铜器、瓷器、钱币、碑刻等品类。这些藏品通过"伟大壮举，辉煌历程""万川汇流"及"盐井沟古象"等常设展览和各种专题展览、临时展览等不同方式展现在我们面前，炫彩生光。

虎纹青铜双耳矛

◎ 湘阴窑青瓷牵马俑

此件唐代青瓷珍品为湖南湘阴窑烧制的，出土于万县驸马公社，现为三峡移民纪念馆的珍贵馆藏。此俑质地细腻，通高 23.6 厘米，形似一位高鼻深目、满脸络腮胡、手牵缰绳、身穿圆领窄袖长袍的胡人。

湘阴窑青瓷牵马俑

◎ 祝枝山行书五言轴

此作是一幅纵 127 厘米、横 38.5 厘米的绢质书法卷轴。卷轴上是明朝书法家祝枝山亲笔手书的陶渊明名诗《饮酒》（其五）。全篇以行书写就，字体飘逸劲秀，矫而有力，蔚然大家。

祝枝山行书五言轴

◎ 虎纹青铜双耳矛

2003 年，万州大坪墓群出土的战国时期的青铜短矛，矛长 25.2 厘米，背部为三棱形，前锋为三角形，矛刃轻薄修长，骹部有古朴奇特的虎纹装饰，是很有代表性的巴国风格兵器。

祝枝山是谁？

祝枝山，本名祝允明，字希哲，是明代闻名遐迩的书法家，与文徵明、唐伯虎、徐祯卿并称"吴中四才子"。

史载，祝枝山生来相貌奇特，有些丑陋，而且右手上有枝生的第六指，所以自号"枝山"。他在书法方面的造诣极深，尤擅楷书和草书，下笔多变，风骨烂漫，自成一家。他的"草书诗翰卷""六体书诗赋卷"等墨宝都是不可多得的传世佳品，价值连城。

研学拓展

重庆人民大礼堂
东方穹顶的时代回响

在重庆市渝中区，繁华热闹的人民路上有一座数十年前就已经蜚声中外的华美建筑——重庆人民大礼堂。作为重庆的城市地标，与解放碑、磁器口、钓鱼城等齐名的重庆文化符号之一，它的风华历久弥新，它的雍容，岁月不泯。

研学地点
重庆人民大礼堂

研学关键词
仿古、天坛、张家德、文化符号

研学目标
参观重庆人民大礼堂，感受大礼堂的辉煌富丽

研学思考
你知道重庆人民大礼堂的设计理念和建筑风格吗？

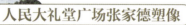
人民大礼堂广场张家德塑像

20 世纪亚洲十大经典建筑之一

重庆人民大礼堂，原名"西南行政委员会大礼堂"，由著名设计师张家德设计，1954 年建成。它是中华人民共和国成立以来最宏伟的礼堂建筑之一，依山就势，磅礴壮美，名列"首批中国 20 世纪建筑遗产名录"，并以其独特新颖的设计理念和独树一帜的建筑风格闻名海内外，被誉为"20 世纪亚洲十大经典建筑之一"。

(穹顶流丹照金阙，巍巍碧瓦映华年。)

重庆版"天坛"

作为重庆新时代城市象征的重庆人民大礼堂采用中轴线对称的传统建筑形式，结构匀称，布局严谨，主要由牌坊、中心大礼堂、南北翼楼、东楼和人民广场等构成。主楼的设计和北京天坛的祈年殿几乎如出一辙。

天坛祈年殿

重庆人民大礼堂

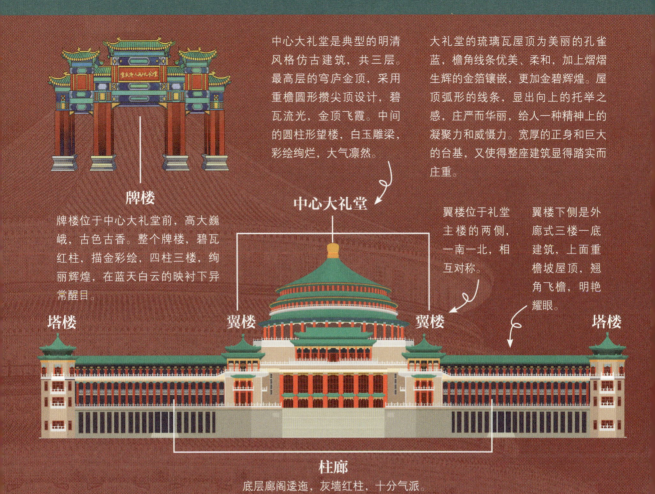

牌楼

牌楼位于中心大礼堂前，高大巍峨，古色古香。整个牌楼，碧瓦红柱，描金彩绘，四柱三楼，绚丽辉煌，在蓝天白云的映衬下异常醒目。

中心大礼堂是典型的明清风格仿古建筑，共三层。最高层的穹庐金顶，采用重檐圆形攒尖顶设计，碧瓦流光，金顶飞霞。中间的圆柱形望楼，白玉雕梁，彩绘绚烂，大气凛然。

大礼堂的琉璃瓦屋顶为美丽的孔雀蓝，檐角线条优美、柔和，加上熠熠生辉的金箔镶嵌，更加金碧辉煌。屋顶弧形的线条，显出向上的托举之感，庄严而华丽，给人一种精神上的凝聚力和威慑力。宽厚的正身和巨大的台基，又使得整座建筑显得踏实而庄重。

中心大礼堂

翼楼位于礼堂主楼的两侧，一南一北，相互对称。

翼楼下侧是外廊式三楼一底建筑，上面重檐坡屋顶，翘角飞檐，明艳耀眼。

塔楼

翼楼

翼楼

塔楼

柱廊

底层廊阁逶迤，灰墙红柱，十分气派。

中西合璧，独树一帜

和其他仿古建筑不同，重庆人民大礼堂虽然外观十分古朴典雅，但里面却很现代，是中国首座将大跨度空间结构与明清宫廷建筑风格相融合的大型建筑。在它身上不仅能看到中国传统建筑的风华雅韵，也能看到欧洲古典建筑的高穹顶、大柱廊，中西合璧，独树一帜。整个大礼堂看上去仿佛是木质，其实无论是柱子、栏杆还是楼阁，内部全都是钢筋混凝土。

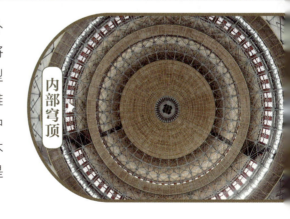

内部穹顶

○ **2009 年：** 重庆人民大礼堂荣获"新中国成立 60 周年建筑创作大奖"。

○ **2010 年：** 重庆人民大礼堂被评为"中国民族优秀建筑"。

○ **2013 年：** 重庆人民大礼堂被国家文物局认定为"全国重点文物保护单位"。

○ **2016 年：** 重庆人民大礼堂入选"首批中国 20 世纪建筑遗产名录"。

重庆人民大礼堂都获得过哪些殊荣？

研学 重庆
CHONGQING